COCKTAILS DE PALACES ET D'HÔTELS DE LÉGENDE

COCKTAILS DE PALACES ET D'HÔTELS DE LÉGENDE

LES SECRETS DES **COCKTAILS EMBLÉMATIQUES**
DE **40 LIEUX D'EXCEPTION**

BAPTISTE BOCHET
& FABIEN HUMBERT

Préface de CHRISTOPHE DAVOINE, MOF Barman.
Postface de DOMINIQUE LAPORTE, MOF Sommelier
et meilleur sommelier de France.

Illustrations par CÉCILE HUANG

hachette
VINS

Sommaire

Préface

Dans l'univers des palaces et des hôtels de prestige, il existe une magie particulière qui captive et inspire.

Cet ouvrage vous emmène à la découverte des bars de ces lieux d'exception, souvent chargés d'histoire, où chaque détail est pensé pour émerveiller.

La beauté de ces établissements réside non seulement dans leur architecture et leur histoire, mais aussi dans la qualité du service qui y est offert.

Un personnel passionné, attentif et bienveillant accueille chaque client avec une discrétion et une élégance incomparable.

Ces professionnels savent s'adapter à chaque situation et à chaque interlocuteur, créant une atmosphère où l'on se sent immédiatement à l'aise et valorisé.

Les cocktails, qu'ils soient des classiques parfaitement exécutés ou des créations innovantes, sont réalisés avec un souci du détail et une quête de perfection. Tous les ingrédients sont choisis avec soin, et chacune des histoires racontées avec passion. C'est cette attention minutieuse qui transforme une simple boisson en une expérience inoubliable.

Les palaces et hôtels de prestige sont aussi des lieux de rencontre incroyables. Clients habitués et épicuriens de passage se croisent, partageant un moment unique dans un cadre incomparable.

Qu'ils soient de fidèles habitués ou des visiteurs occasionnels, tous sont traités avec le même niveau d'attention et de considération.

Au travers de ce livre, Baptiste Bochet vous invite à explorer ces sanctuaires du raffinement, à rencontrer des chefs de bar des plus grands établissements, où l'excellence du service et la magie des cocktails se conjuguent pour offrir des moments d'exception. « Cocktails de Palace » est une ode à ces professionnels, à ces lieux où chaque visite est une aventure sensorielle et chaque rencontre, une histoire à raconter.

Christophe Davoine

Meilleur Ouvrier de France Barman
Ancien chef barman de palaces parisiens

Avant-propos

Les cocktails sont bien plus que de simples boissons. Ils représentent une fusion entre un art, une culture et une histoire, évoquant des images de soirées élégantes et de lieux mythiques. Dans le monde des palaces et des hôtels de légende, ces élixirs prennent une dimension encore plus exceptionnelle. Ils racontent des histoires intemporelles, des rencontres inoubliables et des savoir-faire ancestraux.

Les palaces et les hôtels de luxe ont toujours été des lieux de rencontre privilégiés pour les personnalités influentes, les artistes et les visionnaires. Ces établissements ne se contentent pas d'offrir un hébergement de prestige ; ils sont également les témoins d'événements historiques, les foyers d'innovations culturelles et les gardiens de traditions séculaires. Les bars de ces établissements sont des sanctuaires où les cocktails prennent vie, créant des moments d'évasion et de plaisir raffiné.

Mais contrairement à ce que l'on pourrait croire, les bars de ces établissements de prestige ne sont pas réservés qu'à une élite ou aux initiés. Ils sont, le plus souvent, ouverts au public et parfois même plus facilement accessibles que les bars de rue[1] qui sont souvent bondés et gardés par un cerbère qui contrôle les entrées, quand ils ne sont pas carrément cachés dans des arrière-boutiques ! Et si les bars de rue proposent souvent une carte des cocktails plus aventureuse, ils n'ont pas l'apanage des créations que l'on retrouve aussi dans les grands hôtels. Alors que la réputation d'un bar de rue pourra rapidement se ternir après le départ de son bartender star, celle d'un bar d'hôtel de luxe traverse les âges. Les mixologues derrière le bar apportent leur touche personnelle aux cocktails, mais la qualité demeure lorsqu'ils s'en vont.

Qu'il s'agisse de siroter un Manhattan au *Waldorf Astoria* de New York, berceau du premier vrai gratte-ciel hôtelier, ou de déguster un Singapore Sling au *Raffles* de Singapour, un hôtel qui a accueilli des générations d'écrivains et de stars de cinéma, chaque cocktail est une invitation à revivre l'histoire et à savourer le luxe. Les créations originales des mixologues talentueux qui officient dans ces lieux légendaires sont souvent entourées de mystère et de romantisme, chaque recette ayant une anecdote ou un événement marquant associé à sa naissance.

Nous allons plonger dans l'univers des bars d'hôtels de légende, où le moindre détail compte. La qualité des ingrédients, la précision des gestes, l'originalité des présentations : tout concourt à offrir une expérience inoubliable. Chaque verre devient une œuvre d'art, chaque gorgée une découverte sensorielle. Les cocktails que vous découvrirez dans ce livre sont le fruit d'une alchimie délicate entre tradition et innovation, respectant les recettes originales tout en les adaptant aux goûts contemporains.

Bienvenue dans un monde où chaque gorgée est une évasion, et où chaque verre raconte une histoire. Installez-vous confortablement, laissez-vous emporter par la magie des lieux, et préparez-vous à lever votre verre à l'élégance et au raffinement intemporels des cocktails de palace.

QU'EST-CE QU'UN COCKTAIL ?

Un cocktail est une boisson mélangée composée de plusieurs ingrédients. Derrière la simplicité apparente de cette définition, se cache en réalité un jeu de saveurs rendu extrêmement complexe par les ingrédients et la quantité finale du produit. Si tout le monde peut créer un mélange à peu près satisfaisant avec les spiritueux et ingrédients qu'il a chez lui, n'est pas mixologue qui veut.

Comme en cuisine, l'équilibre et l'harmonie seront déterminants dans l'appréciation générale de votre réalisation. Dans le cocktail, on parle d'équilibre des saveurs entre la sucrosité, d'un côté, et l'acidité et l'amertume, de l'autre. L'harmonie des arômes est moins évidente à quantifier car il est question de molécules aromatiques qui « vont aller » ensemble, du moins pour votre cerveau. Impossible de lister toutes les combinaisons d'ingrédients qui seraient harmonieuses, il en existe bien trop et c'est là la beauté du goût.

Les bartenders qui se dévouent au cocktail sont des explorateurs du goût.

QUE VEUT DIRE LA DISTINCTION « PALACE » ?

La distinction « Palace » a été créée en 2010 pour permettre la reconnaissance d'hôtels présentant des caractéristiques exceptionnelles, afin de les valoriser sur la scène internationale vis-à-vis d'une offre concurrente de plus en plus importante. Elle ne s'adresse qu'à des hôtels se situant en France.

Elle permet de distinguer parmi les hôtels entrant dans la catégorie cinq étoiles, ceux qui proposent le meilleur selon plusieurs critères : situation géographique, intérêt historique, esthétique et/ou patrimonial particulier, service sur mesure… Dans le détail, par exemple, les chambres individuelles doivent mesurer au moins 26 m^2, les doubles 30 m^2. C'est l'organisme Atout France, chargé de valoriser la France à l'international, qui délivre la distinction palace pour 5 ans.

Tous les hôtels sélectionnés dans cet ouvrage ne sont donc pas des palaces (puisqu'ils se trouvent pour la plupart à l'étranger), mais des hôtels d'exception et de légende qui mériteraient amplement la distinction !

QU'EST-CE QU'UN COCKTAIL DE PALACE ?

Un hôtel de luxe ou un palace est-il là pour rassurer ses invités en offrant une zone de confort grâce à une atmosphère rappelant leur pays natal ? Est-il là pour, au contraire, proposer une immersion culturelle haut de gamme dans le pays d'accueil ? Évasion ou refuge ? Ingrédients locaux ou universels ? Comment s'assurer de pouvoir proposer un cocktail qui plaira à chaque client ?
Ce questionnement est au cœur des réflexions de la plupart des hôtels de luxe du monde entier. En écrivant ce livre, nous avons pu constater une certaine dichotomie à ce sujet avec des hôtels d'inspiration italienne dans les rues de Tokyo ou au contraire une ambiance aztèque au Mexique. Et cela est souvent accentué par le fait que les hôtels de luxe accueillent une clientèle cosmopolite et embauchent également des équipes venant du monde entier.

L'excellent *bartender* de palace connaîtra ses classiques sur le bout des doigts et ira jusqu'à demander à ses clients comment ils aiment leurs cocktails. Qu'importe la dextérité ou la connaissance produit, si le résultat, aussi bon soit-il, ne plaît pas au consommateur final, l'objectif est loupé. Et on imagine aisément que la clientèle de palace, commandant ce genre de cocktail, puisse être exigeante.

Pourquoi présenter ces 40 palaces et hôtels de légende ?

Les bars de palace qui figurent dans ce livre sont passés maîtres dans l'art de proposer une offre de cocktails classiques, intemporels et d'une impeccable facture. Quoi de mieux que de se retrouver en haut d'un gratte-ciel hong-kongais, dans un palais vénitien, ou dans un lodge africain… et de déguster un Negroni ou un Mojito exécuté à la perfection ? Mais ils donnent aussi le choix à leurs clients (vous peut-être ?) d'opter pour des twists, ou des versions revisitées de ces breuvages iconiques. Vous découvrirez à travers les pages de ce livre, que les hôtels de luxe mettent également en lumière des créations complètement originales, souvent réalisées avec des ingrédients locaux. C'est ce fascinant mélange entre classicisme et expérimentation, intemporalité et mouvement, qui nous a séduits.

1. On parle de « bar de rue » pour parler des bars à cocktails, dont l'entrée se fait depuis la rue, contrairement aux bars de palace dans lesquels on rentre *via* le lobby de l'hôtel.

Comment réaliser un bon cocktail ?

Réaliser un bon cocktail (ou a *minima* un cocktail qu'on prend plaisir à boire tout en étant suffisamment critique) ne nécessite que très peu d'expérience et de compétences. En réaliser un excellent, cependant, nécessitera certainement un peu plus d'implication et de pratique.

Mais peut-être faut-il commencer par chercher à distinguer le bon de l'excellent ? Est-ce que le bon pour quelqu'un, n'est pas l'excellent pour l'autre ? Ne dit-on pas « les goûts et les couleurs » ? Est-ce que cela ne dépend pas avant tout du niveau d'exigence et de connaissance de la personne qui boira le cocktail ?
Beaucoup de recettes historiques, qui ont parfois plus de quatre siècles, restent encore aujourd'hui « excellentes ». Et ce malgré une modification gustative des ingrédients au cours des décennies. Le goût des fruits a changé, le goût du sucre, le goût des alcools, les façons de distiller, la direction aromatique voulue par les marques en fonction des tendances. Prenons, par exemple, le champagne : les consommateurs français le préfèrent aujourd'hui beaucoup moins sucré qu'il y a un demi-siècle.

Bref, prenez une recette, effectuez-la en étant appliqué et grâce aux grands principes du cocktail, vous obtiendrez un cocktail de qualité. Bon ou excellent, c'est à vous de le dire.
Notons toutefois qu'en France, globalement, nous voyons souvent le cocktail comme un rafraîchissement, le bon compagnon d'une soirée passée avec ceux qu'on aime. Notre goût se tourne donc naturellement vers des cocktails pas trop alcoolisés, gazeux et acidulés comme le Mojito, le Moscow Mule, etc.
Pour faire un bon cocktail, il faut commencer par accepter certains principes, les prendre au pied de la lettre pour, éventuellement, ensuite, les remettre en question et progresser dans sa compréhension et sa maîtrise du sujet. Une fois que votre palais sera « calibré », vous pourrez commencer à questionner les recettes, à les « twister ».

Revenons donc sur ces principes du (bon) cocktail :

- Appliquer à la lettre une recette jugée fiable.
- Mesurer ses ingrédients.
- Ne pas prendre de raccourcis, ne pas remplacer arbitrairement certains ingrédients par d'autres en pensant que cela fera l'affaire. Bien entendu, si vous n'avez pas la référence de Bourbon mentionnée par la recette mais un autre Bourbon correct en stock, ça ne posera pas de souci majeur…Mais n'allez pas remplacer du citron frais par du vinaigre.
- Faites vos sirops vous-même, a minima celui de sucre simple. Pourquoi ? Tout simplement parce que le sirop utilisé dans 99% des recettes en ligne est un sirop constitué à 50% d'eau et 50% de sucre (en masse, pas en volume, donc utilisez une balance) alors que les sirops du commerce sont constitués à plus de 65% de sucre. Par conséquent, chaque cocktail que vous réaliserez, en suivant la recette mais en utilisant du sirop de sucre industriel, sera systématiquement trop sucré.
- Pressez votre citron jaune ou vert. Quand les bartenders de la Bodeguita Del Medio à Cuba (le bar où Hemingway buvait ses Mojitos) sont venus en France pour une animation, ils ont préféré utiliser nos citrons jaunes pour leur cocktail plutôt que des citrons verts qui étaient selon eux trop différents de ceux de Cuba.
- Utilisez des ingrédients de qualité. Idéalement, allez chez le caviste, indépendant de préférence, pour acheter vos bouteilles.
- Avoir toujours des glaçons en stock

Conseil pratique :

Commencez par réaliser des cocktails qui utilisent des spiritueux ou ingrédients que l'on retrouve dans la plupart des cocktails. N'allez pas acheter la liqueur de *perlinpinpin* qui vous fait envie mais qui n'est utilisée que dans un seul cocktail au monde à hauteur d'un centilitre par cocktail. Si l'alcool fort et les liqueurs ne périment pas, ils peuvent perdre légèrement en goût au fil des années.

Derrière chaque cocktail, il y a toujours 2 grandes lois :

- l'harmonie des arômes ;
- l'équilibre des saveurs.

Sachez qu'arômes et saveurs peuvent vous sembler discrets mais sont absolument nécessaires. Parfois, il sera plus facile de constater qu'il y a une erreur que quand il n'y en a pas. Il s'agit finalement toujours d'une question de seuil.

Le verre a ses raisons...

Pour toutes les boissons servies à des températures qui favorisent l'expression des arômes (comprendre degrés Celsius positifs), la verrerie va jouer un rôle bien plus important que l'attrait esthétique. Si la forme du verre de vin et sa taille vont beaucoup apporter à l'olfaction, c'est nettement moins le cas dans le cocktail.

En effet, un cocktail sera généralement servi à des températures approchant le zéro degré, en négatif comme en positif. Dès lors, l'olfaction se fait beaucoup plus discrète. Le choix de la verrerie (ou plutôt sa forme) pourra se faire en toute décomplexion, sans peur de froisser les nez les plus affutés !

Mais votre boisson va progressivement se réchauffer et prendre la température de la pièce. Or, les cocktails sont faits pour être bus à une température approchant celle de la température de service.

Dès lors, en fonction du verre employé, vous saurez si celui-ci doit être bu très vite ou plus lentement. Trois grands types de verres s'offrent à vous :

• Le verre à Martini et la coupette cocktail. Ils sont adaptés aux cocktails dits « courts » (*short drinks* en anglais) pour les cocktails qui se servent sans glaçon. Exceptions faites des Frozen Daïquiri et Margarita qui se présentent sous la forme de granité.

Les cocktails servis dans ces verres sont faits pour être bus très rapidement mais peuvent aussi bénéficier d'un réchauffement rapide qui sera favorable au développement d'arômes comme dans le cas du Dry Martini, ou du Manhattan.

Les contenances de ces verres adaptés aux recettes historiques vont de 13 cl à 19 cl. Mais des verres contenant le double sont apparus au cours des dernières décennies.

Souvenez-vous que pour servir votre cocktail avec élégance, le niveau de liquide dans le verre (*wash line* en anglais) doit être d'environ un demi-centimètre plus bas que le bord du verre.

• Le tumbler, rocks ou old fashioned, normalement destiné aux cocktails courts comme le Old Fashioned. On les utilise aussi pour les cocktails avec des glaçons. Les glaçons ou le « gros glaçon » sont ici un moyen de maintenir votre cocktail à une température basse. Un verre fait prendre le temps de siroter le cocktail entre deux conversations.

Les contenances de ces verres adaptés aux recettes historiques vont de 20 cl à 28 cl.

Ici, le niveau de liquide dans le verre doit être d'au moins un à deux centimètres plus bas que le bord du verre pour rendre la consommation pratique.

- Enfin, le highball est un grand verre filiforme exclusivement destiné aux cocktails longs (*long drinks* en anglais). La présence ou non de glaçons dépend d'à quel point votre cocktail est long. Ce verre, souvent très esthétique, invite la glace dite « fraîche » à savoir non utilisée pour refroidir votre cocktail (que ce soit au shaker ou à la cuillère). En effet, le diamètre du verre étant faible, on verra au travers de votre cocktail. Le niveau de liquide doit être environ un centimètre plus bas que le bord du verre.

Les contenances de ces verres adaptés aux recettes historiques vont de 22 cl à 36 cl.

- Le verre à vin sont utilisés principalement pour les cocktails à base de vin (Sherry Cobbler), ils peuvent également rendre la présentation de certains *long drinks* très élégante comme c'est le cas pour les célèbres Spritz et Gin Tonic.

- Le verre Tiki, fait en céramique, inspiré des cultures polynésiennes, est apparu après le succès des premiers cocktails Tiki. Souvent de grande contenance, ces verres étaient au départ à l'effigie de divinités polynésiennes. Ensuite, de multiples céramistes s'en sont éloignés pour donner une orientation « cartoon ». Certains producteurs à l'instar de Baï Tiki, dont les mugs s'arrachent partout sur le globe, continue de tout produire à la main, de la fabrication du moule à l'émaillage. Ces verres peuvent coûter plusieurs dizaines d'euros l'unité selon leur niveau de complexité.

Leur contenance va de 25 cl à 80 cl.

Le matériel *du bartender*

UN SHAKER

Il est destiné à « frapper » les ingrédients d'un cocktail donc à les mélanger énergiquement avec des glaçons afin de provoquer leur dilution et à refroidir ainsi plus rapidement la boisson. Le temps de mélange dépend du type de cocktail réalisé. Si le cocktail est voué à être allongé, vous limiterez le temps de mélange, car ce dernier aura tendance à accentuer la dilution. Si au contraire, vous réalisez un *sour*, vous *shakerez* une première fois le cocktail sans glace pour émulsionner le blanc d'œuf puis, dans un second temps, vous l'agiterez avec de la glace pendant au moins 10 secondes afin d'obtenir un cocktail parfaitement mousseux.

Il existe trois types de shakers :

- le shaker à trois pièces ;
- le shaker Boston ;
- et le shaker continental.

Le shaker classique des bars de palace est un shaker à trois pièces. Il présente l'avantage d'inclure une passoire dans son couvercle.

Toutefois, prenez garde aux modèles bon marché, ils ont tendance à se bloquer une fois refroidis par l'action du « shake ». Je lui préfère son équivalent 2 pièces métal, dit « Boston » avec un filtre adapté *strainer*, incassable et non enrayable.

COMMENT « SHAKER » ?

- Versez tous les ingrédients dans votre shaker (excepté l'eau gazeuse).
- Ajoutez vos glaçons (environ une dizaine de glaçons par cocktail).
- Fermez votre shaker et tenez-le fermement.
- Faites ensuite faire la plus longue distance possible à votre cocktail dans le shaker.

UNE CUILLÈRE DE BAR

Elle vous servira à remuer directement un cocktail servi au verre ou préparé au verre à mélange ; écraser le sucre, les fruits ou les herbes aromatiques ; permettre la création de couches entre deux liquides ; et enfin, de mesurer toujours le même volume.

Il faut la choisir la plus longue possible, car même si la longueur n'apporte pas grand-chose en soi, elle permet une touche d'inertie qui peut rendre le geste plus élégant et plus simple à mettre en pratique.

UN DOSEUR (OU *JIGGER*)

Il est l'accessoire essentiel pour mesurer les différents ingrédients entrant dans la composition d'un cocktail. À l'image de la pâtisserie, la réussite d'un cocktail repose en grande partie sur le respect des dosages.

Les mesures standard du cocktail employées peuvent être en oz ou ounce, mesure américaine qui fait 1 oz = 3 cl.

- 0,5 cl qui correspond à une cuillère de bar en général
- 0,75 cl ou ¼ oz
- 1 cl ou ⅓ oz
- 1,5 cl ou ½ oz
- 2 cl ou ¾ oz
- 3 cl ou 1 oz
- 4,5 cl ou 1,5 oz
- 6 cl ou 2 oz

N'hésitez pas à mettre le prix pour votre jigger (plus de dix euros) afin de vous assurer d'avoir un instrument précis qui contient et affiche les bonnes quantités. Prenez même un double jigger qui propose une mesure et son double sur le même instrument.

Je vous suggère de le vérifier à la suite de votre achat, à l'aide d'une balance de cuisine qui mesure au gramme, d'un peu d'eau (ou d'un liquide coloré). Versez ensuite du liquide dans le jigger, arrêtez-vous à chaque niveau inscrit et comparez la valeur affichée sur votre balance à celle gravée dans le jigger.

UN VERRE À MÉLANGE

Pour les recettes ne nécessitant pas de mélange au shaker.

- Un pilon
- Un blender
- Une pince

Pour la gestuelle, on aura tendance à penser qu'il faut des mains précises et discrètes : les décorations, de même que les glaçons, seront pris à la pince, ces derniers seront déposés délicatement un par un au fond du verre.

Comment créer un cocktail de palace ?

Selon Christophe Davoine, qui nous a fait l'honneur d'écrire la préface de ce livre, créer un cocktail de palace, c'est ne pas négliger l'esthétique. Quand on parle de palace, on parle du monde du luxe, du haut de gamme où chaque détail compte. Bien entendu, ce qu'on attend concernant le « goût » dans sa globalité reste identique qu'il s'agisse d'un bar de rue ou d'un bar de palace : le cocktail doit être équilibré et bon.

Christophe Davoine se fixe comme ligne de conduite l'accessibilité et la précision de ses cocktails. Sans chercher à s'adresser qu'à un type de clientèle à travers ses boissons.

« De façon générale, quand on crée un cocktail destiné à être servi en bar de palace, il faut construire plus, il faut une histoire à raconter. Pour l'anecdote, j'aime bien aller dans un palace avec un néophyte du monde du bar et m'attarder sur ses réactions.

Est-ce que la personne trouve l'offre compréhensible, est-ce que le bartender emploie des termes accessibles au sujet de sa carte de cocktails ?

Finalement un cocktail de palace, c'est autant dans le verre que dans la présentation, visuelle comme orale. Le discours peut être rôdé mais il faut faire preuve d'adaptabilité et parfois changer un peu le discours pour pouvoir s'adapter à la clientèle, extrêmement hétéroclite dans ce genre d'établissements.

L'expérience est donc prioritaire et l'on souhaite que les clients prennent leur temps.

Pour finir, je dirais que, l'un des points forts du personnel de palace est la capacité d'adaptation. Comprendre son environnement, comprendre ce qui plaît, être à l'écoute. Ce qui n'est pas toujours perçu comme essentiel dans un "bar de rue" à mon grand désarroi. »

Comment déguster un cocktail de palace ou d'hôtel de légende ?

Les palaces et autres hôtels cinq étoiles sont des endroits où tout est pensé pour vous mettre à l'aise. Leurs bars ne font pas exception. Mobilier de luxe, sièges confortables, ambiance feutrée, vue imprenable…

L'écueil serait, en allant y déguster un cocktail, de juger le lieu plutôt que le breuvage. Ou bien encore, par extrapolation, de penser que si le cocktail est très cher, il sera forcément très bon. Ce n'est pas toujours vrai.

Donc lorsque vous porterez à vos lèvres un cocktail servi dans un palace, n'oubliez pas de juger le contenu, et pas seulement le contenant, ou ce qui l'entoure !

APPRENDRE À DÉGUSTER UN COCKTAIL

Vous pensez sans doute qu'il suffit de porter le verre à vos lèvres, boire une gorgée… et voilà ! Mais la dégustation d'un cocktail, comme celle du vin, fait souvent appel aux cinq sens afin de vivre pleinement l'expérience.

LA VUE

Le premier contact avec un cocktail se fera la plupart du temps par les yeux. Le verre utilisé, la décoration, la couleur du cocktail, l'éventuelle fumée ou vapeur qui s'en échappe… autant d'éléments qui participent à l'expérience de dégustation. Un bon cocktail sera toujours plus plaisant à boire s'il est beau. Il ne faut cependant pas s'arrêter à l'apparence, et même parfois accepter de passer outre.

L'OUÏE

L'ouïe entre aussi en jeu lors de l'expérience de dégustation. Une douce musique, le bruit des vagues, de la nature, ou d'une mégapole en contrebas, tout cela participe au plaisir. De même que le bruit du shaker du bartender, ou que le tintement des glaçons dans le verre… sans oublier les « pops » des petites bulles qui éclatent à la surface d'un Mojito ou d'un Gin Tonic !

L'ODORAT

Il est toujours intéressant de sentir un cocktail avant de le boire. Tout simplement parce qu'un cocktail bien fait sent bon, et qu'il est toujours intéressant d'essayer de trouver des arômes seulement avec le nez.

Prenez de petites inspirations, car l'alcool contenu dans le cocktail pourrait vous brûler les narines.

Gardez en tête qu'un cocktail très froid n'aura jamais beaucoup d'odeur. Les molécules aromatiques qui pourraient venir chatouiller vos narines sont alors bloquées par le froid dans le verre.

On dit qu'elles sont peu volatiles. Ne vous attendez donc pas à des explosions de saveurs, à moins que la garniture (zestes, herbes…) n'entre en jeu, et vienne rehausser le tout.

LE TOUCHER

C'est le moment de la première gorgée. Ne l'avalez pas directement.

Au contraire, profitez quelques instants de son « toucher de bouche ». Le cocktail se doit d'être bu très froid ou très chaud, léger, ou gras, piquant (lorsqu'il est pétillant), doux comme de la soie, épicé… Bref tout un monde de sensations s'offre à vous.

LE GOÛT

Ce sont finalement les arômes du cocktail apportés par les ingrédients, et la façon dont ils se complètent ou s'harmonisent, qui seront le juge de paix, l'étalon qui vous dira s'il est bon… ou pas !

CHOISISSEZ UN VERRE ADAPTÉ

Chaque cocktail a son verre de prédilection. Ce n'est pas pour rien, car les composés aromatiques sont particulièrement volatils dans l'air. Les verres ont été choisis pour tel ou tel cocktail afin de conserver un volume d'air adéquat par rapport au volume de la boisson. Tous les arômes n'ayant pas la même densité et se répartissant en différentes strates aromatiques, faire varier l'inclinaison de votre verre sur vos lèvres vous permettra d'en capter les différents spectres. De même, si vous faites varier la vitesse d'inspiration, vous remarquerez que les composés plus lourds n'apparaîtront qu'une fois les plus légers se seront évaporés.

GRUMEZ

Une fois le liquide bouche, n'ayez pas peur de « grumer », c'est-à-dire de laisser entrer l'air en mettant en bouche le liquide. Ce n'est pas très ragoûtant, mais l'apport d'air va permettre à l'alcool et aux composés volatils de se déplacer plus librement, et donc de rejoindre plus facilement la cavité nasale par rétro-olfaction. Cela vaut surtout pour les cocktails peu alcoolisés. Pour des cocktails chargés en alcool (30 % et plus), entrouvrez légèrement la bouche pour créer une circulation d'air qui va chasser l'éthanol afin de laisser la place aux composants aromatiques qu'il aurait pu masquer.

LAISSEZ DU TEMPS AU TEMPS !

Un cocktail évolue avec le temps, dans le verre, sous l'effet de multiples facteurs (réchauffement, fonte des glaçons, aération, agitation…). Laissez-le respirer pour mieux le déguster.

Quelques conseils en plus

Savoir déguster est un art. Alors voici quelques conseils pour que l'expérience soit optimale. Si vous trouvez que ce qui précède est trop long, trop abscond ou capillotracté… vous avez sans doute raison, alors buvez comme vous l'entendez.

10 cocktails classiques & intemporels

Avant même d'entrer dans le vif du sujet, revoyons ensemble les « bases ». Je mets celles-ci entre guillemets, car les plus grands amateurs de cocktails reviennent toujours à ces classiques. Et ces cocktails qui valent d'être connus et goûtés au moins une fois ! Mais vous l'aurez compris, connus et goûtés c'est bien, mais pratiqués et maîtrisés c'est mieux !

Dans le cocktail – et j'aurai l'occasion de le répéter quelques fois au cours des 400 prochaines pages – il s'agit avant tout de faire simple, mais de faire bon, pour reprendre ce cher Monsieur Paul. Entre nous, si vous optez pour des ingrédients de bonne qualité, vous avez déjà effectué une bonne partie du travail.

Les 10 cocktails classiques à connaître :

- Negroni
- Manhattan
- Dry Martini
- Old Fashioned
- Mojito
- Piña Colada
- Moscow Mule
- Gin Fizz
- Daïquiri
- Mai Tai

PPP (Petit Plus Palace) : pour chaque cocktail, je vous donne une astuce digne des plus grands palaces pour impressionner vos invités.

LE DRY MARTINI

PAR BAPTISTE BOCHET

Ingrédients
pour un cocktail

6 cl de gin London dry

2 cl de vermouth extra-dry

2 traits d'orange bitter

Instructions

- Au verre à mélange, mélanger à la cuillère pendant 30 secondes, servez dans un verre à martini.
- Décorer façon PPP.

Le PPP

Faites comme Ago Perrone et ayez votre chariot à Dry Martini ! Je rigole, prévoyez simplement d'avoir de belles et grosses olives vertes et un joli citron jaune non traité pour pouvoir laisser le choix du garnish à votre convive.

LE OLD FASHIONED

PAR BAPTISTE BOCHET

Ingrédients

pour un cocktail

6 cl de bourbon ou de whiskey de seigle

0,5 cl à 1 cl de sirop de sucre simple

2 traits d'angostura bitter

Instructions

- Directement dans un verre tumbler, remplir de gros glaçons.
- Ajouter le spiritueux et le sirop.
- Mélanger 20 secondes à la cuillère.
- Décorer d'un zeste d'orange.

Astuce

Si vous n'avez pas de sirop de sucre, mettez une cuillère à café de sucre blanc, imbibez-la de bitter et ajoutez éventuellement une cuillère à café d'eau pour aider à la dissolution du sucre.

Le PPP

Ayez toujours un angostura bitter classique en stock, puis procurez-vous par exemple le Chocolate Bitter de la même marque… Attention, même s'ils prennent peu de place, sachez qu'un flacon de bitter vous tiendra très longtemps. Adaptez ensuite la quantité de bitter en conséquence, tous n'ont pas la même intensité aromatique, commencez avec seulement quelques gouttes.

LE GIN FIZZ

PAR BAPTISTE BOCHET

Ingrédients

pour un cocktail

4 cl de gin

2 cl de jus de citron jaune

2 petites cuillères à café de sucre blanc

4 cl à 6 cl d'eau gazeuse

Instructions

- Dans un shaker, placer tous les ingrédients, sauf l'eau gazeuse.
- Afin d'aider le sucre à fondre, réaliser un premier shake sans glaçons pendant 10 secondes.
- Ajouter les glaçons, puis secouer de nouveau 10 secondes.
- Ajouter l'eau gazeuse.
- Servir dans un highball, sur glaçons ou non.

Le PPP

Essayez de le servir comme il l'était à New York il y a 150 ans, à savoir dans un petit verre long et fin, sans glace. Profitez-en pour briller en racontant l'anecdote sur la quantité correcte d'eau gazeuse retrouvée plus d'un siècle après. Si vous n'êtes pas du genre bavard, utilisez votre plus beau verre highball.

LE MOJITO

PAR BAPTISTE BOCHET

Ingrédients

pour un cocktail

4 cl de rhum léger cubain ou portoricain

2,5 cl à 3 cl de jus de citron jaune

2 cuillères à café de sucre blanc

6 cl d'eau gazeuse

8-10 feuilles de menthe

Instructions

- Presser délicatement la menthe dans un verre avec le citron et le sucre.
- Mélanger et laisser le sucre se dissoudre.
- Ajouter le rhum puis les glaçons.
- Mélanger 30 secondes puis ajouter l'eau gazeuse.
- Remélanger et servir.

Le PPP

Finalement, est-ce que le summum de l'élégance n'est pas un Mojito minimaliste avec seulement les feuilles de menthe (entières, non déchiquetées) qui dansent avec les glaçons ? Pensez à récupérer la « tête » et à le déposer délicatement au sommet de votre verre.

LE NEGRONI

PAR BAPTISTE BOCHET

Ingrédients

pour un cocktail

3 cl de gin (habituellement London Dry)

3 cl de vermouth rouge (doux)

3 cl d'amer type Campari

Instructions

- Assembler les ingrédients dans un verre à mélange avec beaucoup de glaçons.
- Mélanger à la cuillère pendant 30 secondes.
- Filtrer et servir dans un verre tumbler rempli de glaçons.

Le PPP

La petit touche élégante repose dans la demi-tranche d'orange ! Munissez-vous de votre plus belle pince à garnish pour la manipuler avec classe. Placez-la bien droite comme une demi-lune dans votre verre tumbler.

LE PIÑA COLADA

PAR BAPTISTE BOCHET

Ingrédients

pour un cocktail

6 cl de rhum de Porto Rico

3 cl de crème de Coco Lopez

3 cl de crème fraîche épaisse

18 cl de jus d'ananas maison

150 g de glaçons

Instructions

Pour la crème de coco employée, historiquement il s'agit de la Coco Lopez. Si vous n'en trouvez pas, mélangez une crème de coco de bonne qualité avec une moitié de sucre.

- Mettre tous les ingrédients dans un blender.
- Faire tourner 15 secondes.
- Servir dans un grand verre highball ou un verre tiki.

Le PPP

Ce cocktail a été inventé dans un hôtel de luxe : le *Caribe Hilton*. Pour parfaire l'expérience, ajoutez un peu de noix de coco râpée et/ou un joli morceau d'ananas frais assez mûr, juteux et goûteux. Ce dernier permettra de rafraîchir le palais après tant de gourmandise.

LE MANHATTAN

PAR BAPTISTE BOCHET

Ingrédients
pour un cocktail

6 cl de whiskey de seigle

3 cl de vermouth doux rouge

2 traits d'angostura bitter

Instructions

- Au verre à mélange, assembler tous les ingrédients.
- Ajouter de gros glaçons et mélanger pendant 25 secondes.
- Servir dans un verre à Martini.

Le PPP

Refroidissez votre verre de service en avance.
La cerise au marasquin ? Obligé ! Par contre, je ne suis pas super fan de la laisser couler au fond du verre, je ne trouve pas ça très élégant. Optez plutôt pour un joli pic à garnish, de préférence doré, pour contrebalancer les notes sombres.

LE DAÏQUIRI

PAR BAPTISTE BOCHET

Ingrédients
pour un cocktail

4 cl de rhum léger (blanc ou très légèrement teinté, hispanique)

2 cl de jus de citron vert frais

1 cl à 1,5 cl de sirop de sucre simple

Instructions

- Au shaker avec des glaçons, secouer 10 secondes.
- Servir dans une coupe à cocktail.

Le PPP

La force du Daïquiri tient dans sa fraîcheur et son équilibre. Ce dernier se doit de tirer sur l'acidité. Quant à la fraîcheur, elle proviendra de celle de ses ingrédients. On utilise donc son plus beau citron vert. Ou citron jaune d'ailleurs…
Marian Beke, l'un des meilleurs bartenders au monde, presse systématiquement ses agrumes à la main et à la commande au-dessus du shaker. Vous le savez déjà mais la peau des agrumes contient des huiles essentielles. En faisant ainsi, vous les exprimez dans votre futur cocktail !

LE MOSCOW MULE

PAR BAPTISTE BOCHET

Ingrédients
pour un cocktail

4 cl de vodka[1]

2 cl de jus de citron vert frais

8 cl de soda au gingembre
Ginger Beer[2]

Instructions

- Assembler tous les ingrédients dans un verre.
- Ajouter des glaçons jusqu'à ras bord
  et mélanger doucement.

1. Prenez-en une correcte, j'aime bien Wyborowa, Russian standard... C'est plutôt neutre et élégant et surtout peu onéreux.
2. On en trouve un peu partout maintenant. Évitez la Old Jamaïcan qui est 50 % plus sucrée que du Coca-Cola®.

Le PPP

Le Moscow Mule est un cocktail créé dans les années 1940 à New York, qui n'a de russe que le fait de contenir de la vodka… Prenez un petit morceau de gingembre frais, environ la taille et l'épaisseur d'une pièce d'un euro. Pilez le gingembre au fond de votre verre ou de votre timbale en cuivre. Puis assemblez le restant des ingrédients, mélangez bien. Rassurez-vous, avec cette technique, vous aurez seulement en bouche l'aromatique du gingembre frais, pas sa fibre.

LE MAÏ TAÏ

PAR BAPTISTE BOCHET

Ingrédients
pour un cocktail

3 cl de vieux rhum jamaïcain

3 cl de rhum ambré martiniquais

3 cl de jus de citron vert frais

1,5 cl de Curacao ou Grand Marnier ou Cointreau

0,75 cl de sirop de sucre simple

0,75 cl de sirop d'orgeat

Instructions

- Assembler les ingrédients directement dans un shaker avec de la glace pilée.
- Secouez pendant 10 secondes, puis servir sans le filtrer dans un grand tumbler.
- Décorer avec du citron vert et une tête de menthe.

Le PPP

Le Maï Taï est né de la main et du talent de Victor Bergeron. Le cocktail eut un tel succès que le rhum qui entrait dans sa composition fut rapidement en rupture de stock définitive.
Le souci d'une rupture de stock sur un rhum de 15 ans d'âge, c'est que c'est difficile d'anticiper son succès… Victor a donc dû trouver une solution. Il se tourna vers un assemblage de rhums de Jamaïque (comme à l'origine), mais aussi de Martinique.

Les cocktails

de palaces & d'hôtels de légende

L'Hôtel de Crillon

CROQUEZ DANS PARIS AVEC UN POMME

*Donnant sur la place de la Concorde, l'*Hôtel de Crillon *est l'un des palaces les plus réputés de la capitale. Pour son standing, son sens de l'accueil, ses décors… mais aussi pour son offre gastronomique avec des accords mets et vins (ou sakés) aux petits oignons orchestrés par Xavier Thuizat, et son offre de cocktails de haute volée signée Kevin Rigault.*

Que demander de mieux qu'un palace à Paris ? Un palace donnant sur la place de la Concorde, bien sûr ! L'*Hôtel de Crillon* est en effet indissociable de la célèbre place parisienne voulue par Louis XV pour y accueillir sa statue équestre, et originellement imaginée par l'architecte Ange-Jacques Gabriel. Elle s'appellera d'ailleurs place Louis XV pendant quelques dizaines d'années.
L'histoire de la place de la Concorde est inextricablement liée à celle de la Révolution et du Premier Empire, puisqu'elle fut un des lieux de « résidence » de la guillotine, et que c'est là que furent exécutés Louis XVI et sa femme Marie-Antoinette. De la statue de Louis XV commencée par Edmé Bouchardon et achevée par Jean-Baptiste Pigalle en 1763, il ne subsiste rien, car elle a été fondue durant la Révolution. Le point central de la place est désormais le célèbre obélisque rapporté d'Égypte par Napoléon 1er.

UN DES DERNIERS PROJETS DE KARL LAGERFELD

L'*Hôtel de Crillon* a quant à lui été construit à la fin du XVIIIe siècle pour accueillir le duc d'Aumont, puis les comtes de Crillon, jusqu'à la Révolution, avant d'être confisqué puis rétrocédé à cette noble famille en 1810. Il sera finalement transformé en hôtel en 1906, sous la conduite de l'architecte Walter-André d'Estailleur. Il deviendra rapidement un des lieux les plus courus de la capitale, sera le témoin de plusieurs événements historiques (comme la signature du pacte constitutif de la Société des Nations le 6 juin 1919) et accueillera une foule de personnages historiques et de stars.

HÔTEL DE CRILLON
10

Il changera plusieurs fois de mains (Famille Taittinger, Groupe Starwood), avant de devenir la propriété du prince d'Arabie saoudite Moutaïb ben Abdallah ben Abdelaziz Al Saoud en 2010. Ce dernier y fera faire d'importants travaux de rénovation, ce qui entraînera la fermeture de l'*Hôtel de Crillon* entre 2013 et 2017.

LE MEILLEUR DES ACCORDS METS ET BOISSONS

L'*Hôtel de Crillon* abrite cinq univers gastronomiques différents. *Nonos & comestibles* a été imaginé par le chef étoilé (et juré de Top Chef) Paul Pairet, avec des plats réconfortants, classiques mais remarquablement exécutés. La *Butterfly pâtisserie* vous permettra de déguster les créations du Chef Pâtissier Matthieu Carlin. Le même Matthieu Carlin vous attendra également au *Jardin d'Hiver*, pour le *tea time*. L'*Écrin* est la table gastronomique étoilée (cuisine française) du palace. C'est le terrain de jeu des chefs Boris Campanella et Matthieu Carlin pour la partie solide, et de Xavier Thuizat, distingué en tant que Meilleur Sommelier de France 2022 et Meilleur Ouvrier de France, et saké samouraï (rien que ça !) pour la partie liquide.
Enfin, direction la terrasse qui donne sur la place de la Concorde, où vous trouverez le bar *Les Ambassadeurs* véritable temple dédié à l'art de la mixologie, où règne en maître Kevin Rigault.

Petit conseil : demandez à Xavier de vous concocter un accord mets et saké. C'est bluffant ! Sachez que Boris Campanella et Xavier Thuizat vous accueillent aussi dans un endroit particulier du palace : la cave, où vous pourrez déguster leurs accords mets et vins entourés de bouteilles mythiques.

KEVIN RIGAULT

DIRECTEUR DU BAR *LES AMBASSADEURS*

"

Comment est élaborée votre carte de cocktails ?

Nous basons notre carte sur la saisonnalité, en sélectionnant 15 ingrédients spécifiques par saison pour créer 15 cocktails qui la représentent. Notre objectif est de travailler avec les meilleurs ingrédients disponibles afin de proposer des créations qui capturent l'essence de chaque période de l'année.

Votre parcours en quelques mots

J'ai eu l'opportunité de travailler dans divers établissements, allant des bars de rue aux bars d'hôtel de luxe, ce qui m'a permis d'acquérir une expérience riche et variée. Je suis notamment passé par le *Andy Wahloo*, le *Swift* (bar de rue à Londres), le *Black Rock* (Grande-Bretagne), le *Forvm*, le *Edition Hotel* et le *Soho House Paris.*

Qu'est-ce qui vous plaît dans les cocktails ?

La relation avec les clients. Un bar est toujours un endroit fun et interactif, où chaque rencontre est unique.

Pourquoi avez-vous voulu travailler dans un hôtel de luxe ?

C'est l'hôtel qui m'a démarché, et j'ai été séduit par le challenge de rendre un bar de palace accessible, tout en maintenant son prestige.

Quelle est, selon vous, la différence entre un bar de rue et un bar d'hôtel de luxe ?

La différence la plus frappante réside dans l'expérience globale offerte aux clients. Un bar d'hôtel de luxe propose une ambiance plus raffinée, un service personnalisé et une sélection de boissons de prestige, tandis qu'un bar de rue offre une atmosphère plus décontractée et dynamique.

Parlez-nous de votre bar. Comment le décririez-vous ?

Les Ambassadeurs bénéficie d'un cadre exceptionnel, alliant l'histoire riche de l'*Hôtel de Crillon* à une décoration contemporaine sophistiquée. Les plafonds ornés, les miroirs, les lustres étincelants et les murs en marbre créent une atmosphère majestueuse qui invite à la détente et à la convivialité.

Comment décririez-vous la clientèle ?

Notre clientèle est une belle répartition entre les visiteurs étrangers et les Parisiens, ce qui crée une atmosphère cosmopolite et diversifiée.

Quels sont les cocktails les plus consommés par les clients ?

Les cocktails créations du menu sont très populaires, ainsi que des classiques comme le Negroni, l'Old Fashioned et l'Espresso Martini.

Quel est l'équilibre entre les cocktails classiques et vos propres créations ?

Environ 50 % de nos ventes proviennent de nos créations, 43 % de classiques, et 7 % de cocktails sans alcool.

La demande la plus folle ?

Un Harvard[1] au Louis XIII.

Quel est votre alcool préféré ?

Ce sont le cognac et le scotch whisky.

Votre ingrédient magique ?

Le miso et l'absinthe.

Quelle est votre définition d'un bon cocktail ?

Un bon cocktail se caractérise par un équilibre parfait et des ingrédients de qualité. »

1. Ndlr : un cocktail au cognac.

LE POMME

PAR KEVIN RIGAULT

Un cocktail aux notes gourmandes qu'on imagine déguster en automne, selon l'acidité de la pomme et la sucrosité du caramel, vous obtiendrez différentes perceptions gustatives. Si votre cocktail est bien acidulé, ce seront les notes herbacées du whiskey et le fruité du jus de pomme qui vous rafraîchiront l'esprit. Bien gourmand et vous aurez le goût de grillé, les notes boisées et épicées du whiskey qui vous enchanteront pour de longues secondes.

Ingrédients

5 cl de Whistle Pig 10 ans d'âge

1,5 cl de sirop de caramel 2.

10 cl de jus de pomme clarifié infusé avec du thé hojicha, gazéifié pour en faire un soda 1.

1. Préparation

Du jus de pomme clarifié au thé

- Jus de pommes
- Thé hojicha

Presser les pommes avec une centrifugeuse, puis ajouter une enzyme (pectinase) pour clarifier le jus.
Après quelques heures de filtration, infuser le jus clarifié avec du thé hojicha à froid.

2. Préparation

Du caramel pour 5 cocktails

- 50 g de sucre blanc
- 50 g d'eau

Réaliser un caramel à sec en faisant directement chauffer le sucre dans une casserole.
Lorsque le sucre fond et qu'il commence à colorer (couleur ambre), ajouter l'eau et mélanger. Faire attention aux éclaboussures, car le mélange est très chaud.
Le sirop est prêt dès qu'il atteint une consistance de sirop.

Instructions

- Mélanger directement tous les ingrédients dans un verre.
- Garnir d'un bouquet d'oxalys.

Les précisions de Baptiste

Le thé hojicha est un thé japonais qui a été grillé, au goût très particulier.
Si vous décidez de faire votre sirop de caramel maison, celui-ci peut présenter des différences de pouvoir sucrant et d'amertume. Vous le savez certainement, mais un caramel blond vous laissera en bouche une impression de sucre bien plus manifeste qu'un caramel noir. N'hésitez pas à vous servir de cet ingrédient comme une variable d'ajustement pour trouver un Pomme à votre goût.

LE P-TALL

RECETTE REVISITÉE DU POMME

Par Baptiste Bochet

Pour ma recette je vous aurais bien recommandé d'opter pour ce whiskey de seigle WhistlePig 10 ans d'âge, mais c'est une bouteille à plus de 80 €. Pour la moitié de la somme, je vous conseille le Bulleit Rye, plus herbacé et frais, en partie à cause de sa jeunesse, que le WhistlePig. Le Rittenhouse 100 sera pour sa part bien plus épicé que les deux premiers, avec un côté presque « poussiéreux ».
Imaginé comme une nature morte d'une pomme cuite caramélisée posée sur un lit de thé hojicha. C'est ici le caractère confit de la mélasse de pomme qui accompagnera les notes de grillé du thé. Les notes fraîches de céréales du whiskey de seigle arriveront en fin de bouche pour vous inciter à vous délecter d'une nouvelle gorgée.

Ingrédients

pour un cocktail

5 cl de whiskey de seigle

1,5 cl de mélasse de pomme 1.

10 cl de thé hojicha 2.

1 pomme Pink Lady

1. Préparation pour la mélasse de pommes

- 20 cl de jus de pomme 100 % pur jus

Faire chauffer le jus de pomme au micro-ondes ou à la casserole jusqu'à ce que la moitié s'évapore. Cette mélasse va concentrer le sucre de la pomme, le caraméliser tout en conservant une certaine acidité qui va apporter de la fraîcheur.

On peut le trouver dans le commerce sous le nom de sirop de Liège.

2. Préparation pour le thé hojicha

- 2 g de thé hojicha
- 50 cl d'eau

Faire infuser le thé dans l'eau bouillante.

Laisser refroidir.

Instructions

- Directement dans un grand verre highball sur glaçons, assembler tous les ingrédients.
- Mélanger 15 secondes puis garnir d'un joli huitième de pomme Pink Lady avec la peau pour apporter de la couleur. Croquer la pomme à mi parcours pour rafraîchir le palais.

LA RELATION ENTRE MIXOLOGIE ET SOMMELLERIE

ENTRETIEN AVEC XAVIER THUIZAT, MOF SOMMELIER 2023, MEILLEUR SOMMELIER DE FRANCE 2022, ET CHEF SOMMELIER DU PALACE *HÔTEL DE CRILLON* À PARIS

« Le lien entre la sommellerie et le monde du bar, c'est la texture, c'est le toucher de bouche qui est extrêmement important. »

Je m'intéresse depuis longtemps à la « mixologie ». Le travail de mixologie est de trouver des équilibres, des alchimies, des complémentarités. Il y a plusieurs combinaisons gagnantes, il n'y a pas de vérités dans le cocktail tout comme dans le vin d'ailleurs, on peut être libre d'interpréter, d'avoir des supports différents et pour moi c'est une source de créativité quasi infinie.

J'adore les textures que le cocktail travaille, je ne parle ni de goût, ni d'arômes mais bien de texture. Par exemple, le type de cocktails dit *« sour »* apporte un coté enrobant et texturé[1].

Il y a quelque temps, j'ai proposé un Mezcal Sour et la texture m'a permis de réaliser un accord avec de la cervelle d'agneau et une purée de pomme de terre truffée fumée. Le vin n'aurait pas été à l'aise pour un accord avec ce mets. Avec ce cocktail, cependant, c'était vraiment parfait !

1. Ndla : notamment grâce à l'émulsion du blanc d'oeuf.

Xavier Thuizat
Chef Sommelier

De plus en plus, on attend du sommelier qu'il soit conscient et formé à tout ce qui a trait au cocktail. Il y a maintenant toujours une épreuve cocktail dans les concours de sommellerie, national comme international. Par exemple, en finale du Meilleur Sommelier de France 2022, une des épreuves consistait à remplacer le *bartender* de l'établissement et à assurer la commande du client qui voulait à tout prix un cocktail à table. La sommellerie d'aujourd'hui fait attention au cocktail, au moins les fondamentaux.

La coopération entre le monde de la sommellerie et celui du bar a énormément progressé en une décennie. Les mixologues nous consultent sur les alcools à base vinique (vins doux naturels, etc.) et nous, sommeliers, cherchons à intégrer sur table des ingrédients autrefois considérés comme réservés aux cocktails, pour les accords avec le fromage par exemple.

Le saké japonais a été ma porte d'entrée dans l'univers de la mixologie.

J'ai découvert qu'il pouvait être le remplaçant d'un certain nombre d'eaux-de-vie et d'ingrédients de bar. Par exemple, dans le Dry Martini, on peut simplement remplacer le vermouth extra sec par un saké et obtenir une très belle expression de ce cocktail.

Toutefois, je constate que les vins rouges et blancs ont beaucoup de mal à se faire une place comme ingrédients de cocktails. C'est certainement lié à notre histoire et à nos traditions françaises. J'imagine que la frontière disparaîtra au fil du temps, l'occasion d'une collaboration renforcée entre ces deux univers de la mixologie et de la sommellerie.

Pour proposer à la clientèle la meilleure expérience possible, nous nous déplaçons régulièrement au bar pour les conseils en champagne et vins et avons le plaisir d'accueillir en salle les mixologues pour finir le service d'un cocktail. J'adorais d'ailleurs quand Christophe Davoine venait finaliser son cocktail directement devant le client à *l'Écrin*, le restaurant étoilé du *Crillon*.

Le Bristol Paris

UN OLD FASHIONED « À LA FRANÇAISE »

Le Bristol Paris*, c'est un peu la quintessence du luxe à la française. Trop classique ? Que nenni ! Si son bar est feutré et calme le jour, la nuit, il se transforme en lieu de fête après 22 heures. Si son cocktail emblématique est bien un grand classique, le Old fashioned, il est twisté avec du cognac. French touch oblige.*

Difficile d'être mieux situé à Paris que *Le Bristol.* Ce Palace se trouve en effet à quelques encablures de la place de la Concorde et des Champs-Élysées. À pied, vous êtes à dix ou quinze minutes des grands magasins, ou de la Seine si vous êtes d'humeur flâneuse. Côté musée, le Grand et le Petit Palais sont tout proches, tout comme le Louvre. Si l'envie vous en dit, le *Bristol Paris* vous fournit des vélos électriques afin d'explorer les environs.

112, RUE DU FAUBOURG SAINT-HONORÉ

Séjourner au *Bristol Paris*, c'est aussi partager le quartier avec les plus importants centres de pouvoir de l'État français : le palais de l'Élysée (résidence du président de la République), l'hôtel de Matignon (bureaux du Premier ministre) et celui de Beauvau (ministère de l'Intérieur).

LE BRISTOL
RESTAVRANT
PALACE

Le Bar du Bristol.

Actuellement propriété du groupe Oetker, l'adresse du 112, rue du Faubourg-Saint-Honoré était auparavant un hôtel particulier, avant de devenir un hôtel en 1925 grâce à Hippolyte Jamet. Le bâtiment principal a été augmenté grâce à l'acquisition d'un immeuble adjacent donnant sur la rue Matignon en 2007.

L'EXCELLENCE À LA FRANÇAISE

Séjourner au *Bristol Paris*, c'est expérimenter l'excellence à la française. Avec d'abord une décoration classique et raffinée faite de meubles d'époque parfaitement rénovés et agencés. Le *Spa Le Bristol by La Prairie* se déploie sur un étage entièrement dédiés au bien-être, avec huit cabines de soins et un espace de jeu pour enfants, le « Kid's club ». La piscine se trouve quant à elle au sixième étage, dans une salle décorée comme un yacht. Petit plus, elle fait face à Montmartre et à la tour Eiffel. Le *Bristol Paris* propose aussi plusieurs offres de restauration d'une grande qualité, avec bien sûr *Épicure*, restaurant triplement étoilé au Michelin où Arnaud Faye a récemment pris ses quartiers, mais aussi la brasserie *114 Faubourg* (une étoile). On peut se délasser au *Café Antonia*, ou au *Jardin Français*, qui comme son nom l'indique se trouve dans l'écrin de verdure de l'hôtel.

BAR D'HÔTEL OU LIEU DE FÊTE, POURQUOI CHOISIR ?

On n'oubliera pas, bien entendu le *Bar du Bristol*, élu plusieurs fois meilleur bar au monde ! Ce lieu feutré, ourlé de boiseries centenaires, meublé de canapés profonds et de tapis de soie, ressemble à s'y méprendre à un club anglais à l'heure de l'apéritif, mais se transforme en véritable lieu de fête après 22 heures avec les soirées B.A.D. (« Bristol After Dark »), où les cocktails et les DJ règnent en maîtres.

LE BRISTOL
AFTER DARK

THIERRY HERNANDEZ

DIRECTEUR DU *BAR DU BRISTOL* À PARIS

“

Quel est votre parcours ?

Mon parcours professionnel m’a vu exercer exclusivement en tant que barman. J’ai eu le privilège de travailler dans des établissements prestigieux, comme des palaces, où j’ai perfectionné mon art et affiné mon sens de l’hospitalité. Mon amour pour la créativité et l’innovation motive ma passion pour les cocktails. Dès l’âge de 16 ans, j’ai intégré un hôtel de luxe, le *George V*, à Paris, encouragé par un ami de mes parents qui y travaillait. Cette première expérience exerça une véritable influence sur la suite de ma carrière dans les hôtels de luxe.

Comment décririez-vous votre bar ?

Le *Bar du Bristol* offre une expérience véritablement unique. Chaque soir, de 18 à 22 heures, nos clients peuvent profiter d’un apéritif dans une ambiance luxueuse et raffinée. Puis, du mercredi au samedi, le bar prend une toute autre dimension avec nos soirées « *Bristol After Dark* », où l’ambiance devient plus festive grâce à la présence de DJ.

Comment est élaborée votre carte de cocktails ?

Notre carte comporte douze cocktails signature et change tous les trois mois. L’élaboration de notre carte de cocktails est un processus collaboratif avec toute l’équipe de mixologistes, sur la base de la saisonnalité. Ces cocktails sont généralement des variations de cocktails classiques. Chaque recette a son histoire, et c’est un plaisir de pouvoir parfois partager des anecdotes avec nos clients.

Quelle est, selon vous, la différence la plus frappante entre un bar de rue et un bar d’hôtel de luxe ?

La différence réside non seulement dans les prix, mais aussi dans l’attention portée aux détails, notamment la qualité des ingrédients utilisés qui contribuent à créer un cocktail unique.

Comment décririez-vous la clientèle ?

Pendant l'heure de l'apéritif, nous accueillons une clientèle parisienne d'affaires, ainsi que des clients qui vont ensuite dîner dans l'un de nos restaurants. Environ 10 % de nos clients sont des clients de l'hôtel. Pour les soirées BAD, notre clientèle est beaucoup plus jeune, parisienne et internationale.

Quels sont les cocktails les plus consommés par les clients ?

Nos cocktails les plus consommés sont l'Old fashioned, le Negroni, la Margarita, le Moscow mule et l'Espresso Martini.

Quel est l'équilibre entre les cocktails classiques et vos propres créations ?

Nous nous efforçons de trouver un équilibre parfait entre les cocktails classiques et nos propres créations, en ajoutant notre touche personnelle à des recettes traditionnelles.

Y a-t-il une personne en particulier que vous avez eu le plaisir de servir ?

J'apprécie de servir tous mes clients, mais il est indéniable qu'il y a une touche supplémentaire d'émotion lorsque je sers une célébrité.

La demande la plus folle d'un client ?

Parfois, nos clients nous font des demandes assez exceptionnelles, comme cette fois où l'on m'a demandé trois bouteilles d'un cognac très rare, donc très cher.

Parlez-nous de votre approche des cocktails.

Bien que je consomme très peu d'alcool fort, mon choix de prédilection se porte sur le whisky. Ce que je considère comme mon ingrédient magique dans les cocktails, ce sont les bitters maison, qui ajoutent une dimension de saveur et de complexité à chaque boisson. Pour moi, un bon cocktail est avant tout bien équilibré, avec une belle couleur et une texture agréable, procurant ainsi une expérience sensorielle complète à celui qui le déguste.

Pouvez-vous nous parler du cocktail le plus emblématique de votre établissement ?

Nous avons décidé d'y mettre en avant notre version du cocktail Old fashioned. Notre twist sur l'Old fashioned comprend une combinaison de 5 cl de cognac, 2 cl de sherry réduit et d'1 cl de bitter maison à la cerise et cannelle. Ce cocktail classique est un élément permanent de notre carte depuis maintenant dix ans, mais nous aimons le réinventer à chaque saison pour offrir une expérience renouvelée à nos clients. »

LE OLD FASHIONED DU BRISTOL

PAR THIERRY HERNANDEZ

Le Old fashioned est un cocktail légendaire qui puise son équilibre de sa faible quantité de sucre opposée à sa faible quantité d'amer apportée par les deux traits de bitter (souvent angostura). Il s'agit d'un cocktail dit aromatique, fort en alcool (plus de 20 %), qui se boit par petites gorgées. Ici, la recette, bien que précise dans les quantités d'ingrédients à assembler, reste extrêmement floue dans la conception de ces mêmes ingrédients. Quelles épices et dans quelles quantités sont utilisées dans le sherry réduit ? Quel type de sherry s'agit-il ? Le mystère plane !

Avec ce cocktail, attendez-vous à avoir l'impression de boire un cognac nettement plus âgé que celui utilisé dans la recette. Le vin espagnol travaillé et le bitter maison vont compléter le spectre aromatique du cognac et lui donner une impression de « vieux ». Un peu comme si vous décidiez de foncer au Brou de noix un joli meuble en chêne clair.

Ingrédients

pour un cocktail

5 cl de cognac

2 cl de sherry réduit

1 cl de bitter maison
à la cerise et cannelle

Instructions

- Pour réduire un sherry, chauffez-le dans une casserole avec des épices, un peu de sucre et de vin jusqu'à ce qu'il épaississe. Filtrez la réduction pour éliminer les résidus.
- Pour réaliser un bitter maison, faites macérer des épices et des fruits dans du cognac, puis filtrez. Vous pouvez ensuite réduire le liquide pour concentrer les saveurs avant de le stocker.
- Réalisez le cocktail dans un verre à mélange, puis mélangez à la cuillère. Versez-le dans un verre de type Old fashioned dans lequel se trouve un gros glaçon. Décorez d'une tranche de citron.

LE BRISTOL

LE KALÉIDOSCOPE

RECETTE REVISITÉE DU OLD FASHIONED

Par Baptiste Bochet

Ingrédients
pour un cocktail

5 cl de cognac

2 cl de vinaigre de Xérès
aux épices réduit **1.**

1. Ingrédients
pour le xérès aux épices

10 cl de vinaigre de Xérès

1 bâton de cannelle

3 clous de girofle

½ zeste d'orange[1]

100 g de sucre blanc
ou de sucre muscovado

Même chose mais avec un meuble fabriqué en cagette à qui on souhaiterait donner un peu de cachet ! L'acidité supplémentaire du vinaigre va apporter une pointe de fraîcheur au cocktail qui se traduit par un goût de reviens-y supplémentaire. Pour le reste, épices, jolis amers et notes vineuses sont au programme.

Instructions

1. Pour le xérès aux épices

- Mélangez tous les ingrédients dans une casserole et portez à ébullition.
- Baissez ensuite le feu au minimum et laissez réduire 20 minutes.
- Coupez le feu, laissez refroidir et filtrez.

Pour le cocktail

- Mélangez tous les ingrédients dans un verre.

1. Sans traitement ni pelliculage (si vous êtes joueur, allez jusqu'au ziste [le blanc] qui est amer et apportera la légère amertume en théorie indissociable de le Old Fashioned)

Le Ritz Paris

UN COCKTAIL POIRE AU *RITZ BAR*

Le *Ritz Paris* est une véritable institution de l'hôtellerie de luxe. Cet hôtel parisien donnant sur la mythique place Vendôme porte haut les couleurs du luxe à la française depuis 1898 et sa fondation par César Ritz, avec la collaboration du père de la gastronomie moderne Auguste Escoffier. Ses chambres occupent actuellement deux anciens hôtels particuliers (Gramont et Crozat).

Son offre gastronomique se décline dans plusieurs lieux. Le restaurant gastronomique *Espadon* où officie la Cheffe étoilée Eugénie Béziat, le *Bar Vendôme* pour une offre de restauration dans le style brasserie chic et le *Salon Proust* pour le Thé à la française, réalisé par le célèbre Chef Pâtissier François Perret.

Le *Ritz Paris* a aussi deux bars : le *Ritz Bar* où officie Romain de Courcy, et le *Bar Hemingway* (qui tient son nom d'un ancien client, bien sûr !) pour une ambiance club londonien.

Ritz
15
Ritz
Ritz

ROMAIN DE COURCY

DIRECTEUR DU *RITZ BAR*

"

Aviez-vous déjà travaillé dans un bar de rue avant ?

Bien avant le bar, j'ai commencé mon parcours par la mode dans de très belles maisons de luxe françaises à New York, Singapour et Paris puis à Londres pour un bottier. J'y réalisais les patines sur cuir, ces fameux dégradés de couleur à la main sur des souliers sur-mesure.
Je me suis pris de passion pour la scène nocturne londonienne et du bar à patine je suis naturellement passé au bar à cocktails. J'ai d'ailleurs justement commencé par des bars de rue avant-gardistes pour y chercher ce dynamisme et cette créativité.

Qu'est-ce qui vous plaît dans le cocktail ?

C'est un univers polysensoriel. Il sollicite tous les sens autour du cocktail et du lieu : les goûts et les couleurs des cocktails évidemment mais aussi la finesse et les courbes des verres, la musique, l'éclairage, les textures du mobilier... ils constituent tous ensemble une expérience immersive singulière.
À cela s'ajoute un aspect convivial autour du service, fait de rencontres et d'échanges. Une dimension spirituelle aussi puisqu'après tout on ne boit généralement pas un cocktail pour se désaltérer mais plutôt pour s'évader…

Pourquoi avoir voulu travailler dans un hôtel de luxe ?

J'aime les challenges, et n'ayant pas encore fait d'hôtellerie jusqu'à présent, ce défi me paraissait suffisamment grand ; mais pas n'importe quel hôtel de luxe ! Je rêvais d'intégrer le *Ritz Paris* car c'est une institution légendaire, chargée d'histoire(s) et qui symbolise le summum du service, de la gastronomie et de l'élégance. Quel meilleur écrin pour y inventer le cocktail haute-couture à la française ?

Selon vous, quelle est la différence la plus frappante entre un bar à cocktail de rue et un bar de palace ?

L'expérience du cocktail peut être aussi incroyable dans l'un comme dans l'autre. Au-delà du cocktail, ce qui va faire la différence c'est le décor, l'ambiance, l'histoire du lieu et surtout le service. Au *Ritz Paris*, nous nous efforçons chaque jour d'atteindre le plus haut niveau. Le client ne doit pas s'en rendre compte mais tout est chronométré et la plus grande attention est portée au moindre détail.

En généralisant, un bar de rue pourra être plus décontracté et festif avec des cocktails originaux, tandis qu'un bar de grand hôtel sera plus feutré et sophistiqué, et proposera des cocktails un peu plus classiques. C'est justement là que le positionnement du Ritz Bar est unique : proposer un concept de bar de rue dans l'un des plus beaux hôtels du monde. Des cocktails jamais vus ailleurs, une ambiance à la fois festive et raffinée, accompagnée d'un service convivial de haute volée.

Comment décririez-vous la clientèle ?

Au *Ritz Bar* nous avons la chance d'avoir une clientèle très diverse. Elle est étrangère selon les périodes mais aussi très parisienne, plutôt jeune et tendance même si nous avons aussi bien sûr la clientèle historique de l'hôtel, majoritairement américaine. Grâce à elle, chaque jour est différent et nous rencontrons des gens du monde entier.

Les cocktails les plus consommés par les clients ?

Le Martini dans tous ses états reste le cocktail de prédilection de notre clientèle américaine traditionnelle, tandis que notre clientèle plus parisienne et internationale se portera davantage sur les cocktails signature.

Cela dépend aussi des périodes. Pendant les Fashion Week par exemple, Gin Tonic et Vodka Soda volent la vedette !

C'est aussi pour nous l'occasion de faire découvrir notre collection de spiritueux.

Quelle est la répartition entre cocktails classiques et vos créations ?

Environ 50% cocktails signature, 30% cocktails classiques et 20% champagnes, vins et spiritueux.

Y a-t-il dans votre établissement des synergies avec la partie restaurant et sommellerie ?

Bien sûr, nous avons d'ailleurs au bar une très belle carte de vins et champagnes exclusivement biodynamiques, développée avec notre Chef sommelier, Florian Guilloteau.

Au restaurant gastronomique Espadon (qui se situe juste à côté du bar), nous proposons souvent des cocktails et nous imaginons des accords avec la Cheffe.

Nous collaborons également régulièrement sur des événements aussi bien au sein de l'hôtel qu'à l'extérieur, voire à l'étranger.

Votre alcool préféré ?

Personnellement, je suis un grand amateur de vin. J'adore dénicher de beaux flacons à partager en famille et entre amis.

D'un point de vue professionnel, en spiritueux, mes goûts sont très éclectiques mais j'ai une affection particulière pour les eaux de vie. Loin des *a priori* que l'on peut encore avoir, certaines sont extrêmement raffinées, complexes et d'une grande pureté. Je les utilise beaucoup en cocktail.

Votre ingrédient magique ?

Les fleurs – florales bien sûr – mais aussi fruitées, épicées ou même animales, elles couvrent en réalité un large spectre aromatique et offrent un incroyable potentiel d'expression.
Par extension j'aime beaucoup utiliser le miel. Il en existe des dizaines de variétés différentes avec des aromatiques très distinctes. Son pouvoir sucrant naturel reste très doux tout en apportant de la profondeur et une pointe d'acidité, et parfois même d'amertume. Un vrai tour de magie de la nature.

La demande la plus étonnante ?

Un cocktail inspiré d'un diamant pour une demande en mariage. Pour cette occasion j'ai imaginé un cocktail frais et cristallin à base de vodka, saké Junmai, eucalyptus et fleur de pamplemoussier. Heureusement, elle a dit oui !

D'où est venue l'inspiration pour la nouvelle carte ?

Des origines du premier *Ritz Bar* dans les années 1920. À cette époque la haute société raffolait d'astrologie – d'ailleurs l'hôtel abritait même un salon de divination ! Mais ce sont surtout les prémices de la biodynamie, une nouvelle philosophie qui explore notamment l'influence des astres et des constellations sur les plantes. Cette nouvelle carte s'inspire donc du calendrier biodynamique à travers des cocktails autour des fruits pour les signes de Feu, fleurs pour les signes d'Air, feuilles pour les signes d'Eau et racines et graines pour les signes de Terre. Chaque cocktail est ensuite travaillé comme la plus pure expression d'un seul et unique ingrédient.

Combien de temps travaillez-vous en moyenne à la création d'une nouvelle carte ?

J'ai commencé à réfléchir à ce menu et à faire des recherches deux ans avant son lancement. Il a fallu ensuite neuf mois de développement avec l'équipe jusqu'à son aboutissement. Certains cocktails n'ont nécessité que quelques jours de travail quand d'autres ont pris plusieurs semaines. Plusieurs n'ont jamais abouti car ils n'ont pas atteint l'équilibre que nous recherchions.
Par la suite la carte se veut évolutive selon les saisons. Nous changerons donc régulièrement les cocktails selon ce que la nature nous offre.

Quelles sont les « contraintes » vis-à-vis des ingrédients à utiliser et des préparations à effectuer ?

Une des spécificités du Ritz Bar réside précisément dans les ingrédients que nous utilisons. Nous travaillons notamment en direct avec des producteurs de matières premières naturelles en parfumerie fine basés à Grasse. Nous avons ainsi accès à des extraits de fleurs, feuilles, fruits ou racines de qualité exceptionnelle et d'une grande pureté. Ces produits très concentrés demandent une précision extrême dans les dosages et les accords.
Nous utilisons pour cela tout un équipement de laboratoire.

Pouvez-vous nous décrire le processus de création de l'un de vos cocktails ?

Le concept de cette carte est d'exprimer la quintessence du produit dans chaque cocktail, sans aucun autre ingrédient. Par exemple pour la catégorie « fruits », dans le cocktail Framboise, il n'y a absolument que la framboise !
Pour cela nous travaillons systématiquement sur trois volets : variété, origine et technique. Dans le cas de la framboise nous utilisons plusieurs variétés ayant chacune ses propriétés (la framboise des bois sauvage ou encore la Tullameen, très aromatique), de plusieurs régions (France, Pologne, Serbie, Italie), de plusieurs manières (en eau de vie, confite, en vinaigre, fraîchement pressée et déshydratée à froid).
Ainsi nous parvenons à exprimer dans un seul et même verre une framboise à la fois plus complète, plus complexe et plus harmonieuse que celle que l'on trouve dans la nature. Une version fantasmée, super-naturelle de la framboise !

Y a-t-il eu une recette en particulier qui a été plus difficile à finaliser ?

Chaque cocktail en monoproduit représente un défi en soi pour obtenir un résultat qui dépasse l'ingrédient d'origine. Il n'y a pas de marge d'erreur dans cette approche.
Cela étant dit, à ma grande surprise la recette du cocktail Lavande a été très simple à mettre en place, alors que celle de l'Orange se montre encore indomptable. À suivre !

»

LE POIRE

PAR ROMAIN DE COURCY

Équipement

Balance, balance de précision, pichets, marise, Thermomix, chinois étamine 0,45 mm, timbale de shaker, cuillère à mélange

Ingrédients

pour huit cocktails

48 g de l'eau de vie de poire Williams rouge d'Alsace

24 g de l'eau de vie de poire Williams verte d'Alsace

120 g de poire Santa Maria confite

432 g de purée de poire Williams de Provence

6,2 g d'acide ascorbique

1040 g de poiré de Normandie réservé au rérigérateur à 4°C

Instructions

- Assembler tous les ingrédients sauf le poiré dans le Thermomix.
- Mixer 1min 30 à vitesse 7.
- Passer au chinois étamine à maillage 0,45 mm.
- Réserver au frais au rérigérateur à 4 °C dans un flacon verseur.

Service (pour un cocktail)

- Mesurer 65 g de la préparation dans une timbale de shaker.
- Ajouter 130 g de poiré de Normandie à 4°C.
- Homogénéiser en donnant 6 tours de cuillère à mélange.
- Verser doucement dans un verre tulipe givré.

LE FRUIT

(SANS ALCOOL)

PAR ROMAIN DE COURCY

Équipement

Balance de précision, pichets, Thermomix, filtre à café, entonnoir

Ingrédients

pour huit cocktails

606 g de jus de pamplemousse blanc fraîchement pressé

6,3 g d'extrait de vanille de Madagascar

12,6 g de fruit de la passion lyophilisé

145 g de sirop de canne

6,1 g d'acide citrique

242 g de lait de coco 100% naturel

Instructions

- Mixer tous les ingrédients sauf le lait de coco au Thermomix à vitesse 3 pendant 5 min.
- Filtrer au microbag.
- Ajouter le lait de coco à la préparation.
- Laisser cailler 24 h au frais.
- Filtrer au filtre à café dans un entonnoir (laisser filtrer au frais pendant à nouveau 24 h).
- Mettre en bouteille et réserver au réfrigérateur à 4 °C.

Service (pour un cocktail)

- Servir directement dans un verre old fashioned givré sur un gros glaçon taillé.

La Réserve Paris

UN GASPARD MARTINI AU CŒUR DE LA CAPITALE

Cet hôtel allie le charme du luxe à la française, de la grande gastronomie, des grands crus et d'une carte de cocktails à tomber. Venez y déguster un Gaspard, un cocktail qui a comme ingrédient magique… l'amour !

La Réserve Paris a élu domicile (en 2015) dans un immeuble haussmannien (datant de 1854) qui se trouve dans une contre-allée des Champs-Élysées et a appartenu au demi-frère de l'empereur Napoléon III, le duc de Morny. À mi-chemin de la rue du Faubourg Saint-Honoré, de l'avenue Montaigne et de « la plus belle avenue du monde » donc, il est au cœur de l'effervescence parisienne, de lieux touristiques iconiques et proche des lieux de pouvoir (l'Élysée, Matignon…), tout en étant un havre de paix et de luxe raffiné. L'immeuble devient pour la première fois un hôtel en 1991, mais c'est sous la houlette de l'homme d'affaires Michel Reybier qu'il obtient la distinction « palace » en 2016.

la réserve

LE MEILLEUR DES VINS ET DE LA GASTRONOMIE FRANÇAISE

Mais c'est surtout pour ses deux restaurants qui sont particulièrement connus, notamment des Parisiens et des Français de passage dans la capitale. *Le Gabriel*, où officie le chef triplement étoilé Jérôme Banctel, est en effet un des plus courus. Le chef y interprète la gastronomie française classique, en y ajoutant une touche japonaise. À *La Pagode de Cos*, on vous convie à un tour du monde culinaire et contemporain, toujours en compagnie de Jérôme Banctel. Le comble du raffinement étant de se faire servir dans la magnifique bibliothèque du duc de Morny, au milieu de ses 3 000 ouvrages. Michel Reybier ayant au fil du temps acheté de nombreuses propriétés viticoles renommées (notamment le Cos d'Estournel, à Saint-Estèphe), l'offre des vins y est évidemment alléchante. L'hôtel est aussi doté d'un jardin d'hiver où une offre ébouriffante de cigares vous attend. Ce qui nous amène tout naturellement au bar de l'hôtel, *Le Gaspard*, qui rend hommage à Louis-Gaspard d'Estournel, ce pionnier de la route des Indes pour le commerce des vins de Bordeaux, qui fut en son temps surnommé le « maharadjah de Saint-Estèphe ». Avec son ambiance cosy mais détendue, ses fauteuils rouges particulièrement confortables, *Le Gaspard* vous invite à vous laisser porter par les créations et les twists de son équipe de barmans.

BARBARA MIGLIACCIO SPINA

CHEFFE BARTENDER AU BAR *LE GASPARD*

"

Avant d'officier au *Bar Le Gaspard*, avez-vous déjà eu une expérience dans un restaurant ?

La restauration et l'hospitalité font partie intégrante de mon ADN : j'ai grandi dans l'atmosphère animée de notre restaurant familial en Calabre, dirigé par mon père depuis quarante-cinq ans. Mon initiation à ce domaine a commencé dès mon plus jeune âge, aux côtés de mon père. Plus tard, j'ai poursuivi mon parcours dans des restaurants à Rome, tout en continuant mes études. Rapidement, j'ai pris conscience que j'étais faite pour cet univers imprégné de parfums envoûtants, d'ingrédients exquis et de partages enrichissants. J'ai vite compris que ma contribution à ce domaine irait au-delà du simple service. Mon objectif était de transformer chaque moment en une expérience sensorielle et émotionnelle unique. Je voulais susciter des émotions, éveiller tous les sens et créer des souvenirs mémorables pour chaque convive. C'est ainsi que j'ai appris à apprécier tous les aspects de l'hospitalité : de la sélection minutieuse des ingrédients à la présentation soignée, en passant par un service impeccable et une attention portée à chaque détail.
Pour moi, ce métier est un véritable art, une passion, un mode de vie. Et je suis reconnaissante d'avoir eu l'opportunité de m'épanouir dans cet univers captivant.

Aviez-vous déjà travaillé dans un bar de rue ?

Après près de dix ans en salle et une période passée aux côtés de mon père en cuisine, mon amour pour les matières premières et les ingrédients, travaillés d'une certaine manière pour donner vie à des plats mémorables, m'a donné envie de faire partie de cet univers créatif. Plus seulement d'être au petit soin pour le client, mais aussi de participer activement à ce processus de création aux possibilités infinies. Le bar moderne combine les deux mondes, le contact avec les clients et la création. Avant d'entrer dans ce palace, j'ai eu l'opportunité d'acquérir de l'expérience dans des bars où j'ai appris à être rapide et efficace, des bars sans fioritures, mais où les gens reviennent car ils s'y sentent chez eux. À partir de ces expériences, j'ai commencé à réfléchir. Mon expérience, que ce soit dans des grands hôtels de luxe comme dans des bars classiques, m'a permis de comprendre que ce sont les personnes qui donnent une âme à un lieu. Au-delà des compétences techniques, la combinaison d'une bonne attitude et d'une véritable passion est primordiale. Je fais ce métier comme une artiste qui met toute son âme dans son œuvre.

Pourquoi avez-vous postulé dans un hôtel de luxe ?

Je suis fascinée depuis toujours par l'hôtellerie de luxe. C'est la beauté et la grâce inhérentes à ces lieux qui m'attirent profondément. L'excellence du service et la volonté manifeste des barmans de sublimer l'expérience client, créant ainsi des moments uniques et exclusifs, sont des aspects qui ne cessent de m'impressionner. Mais au-delà de cela, il y a la personnalisation de l'expérience, le sur-mesure. Les hôtels de luxe ont cette capacité incroyable à anticiper et à satisfaire les désirs de leurs clients, parfois même avant même qu'ils ne les expriment. C'est là que réside tout le charme et le mystère de ces lieux : nous sommes transportés dans un monde où nos rêves prennent forme. Pourtant, il y a une autre dimension à explorer. Il s'agit d'innover, de briser les conventions et de défier les stéréotypes associés au luxe. Après une analyse minutieuse du marché, il est clair que ce qui fera la différence à l'avenir, c'est l'aspect émotionnel et humain.
Il est important que chaque geste, aussi précis et impeccable soit-il, émane d'une authenticité indéniable. Ainsi, l'hôtellerie de luxe ne se contente pas de créer des espaces somptueux, elle crée également des expériences qui touchent les cœurs et éveillent les esprits. C'est dans cette recherche constante de perfection et d'émotion que réside la véritable essence de ce monde exclusif et envoûtant.

Le cocktail Fragans du *Gaspard Bar*.

Qu'aimez-vous dans les cocktails ?

Ce que j'aime le plus dans les cocktails, c'est l'histoire qui les accompagne. Chaque création, de la plus simple à la plus élaborée, cache une histoire et l'expérience du barman qui l'a imaginée. Le cocktail est un voyage dans le goût.

Quelle est votre définition d'un bon cocktail ?

Un bon cocktail incarne l'équilibre parfait, où chaque ingrédient se fond dans une harmonie sublime, s'exaltant mutuellement.

Quel est votre alcool préféré ?

Le mezcal.

Votre ingrédient magique ?

Quelle question… C'est l'amour !

Parlez-nous de votre cocktail emblématique.

Ce cocktail porte le nom du bar de *La Réserve Paris*, *Le Gaspard*. Je souhaitais créer un cocktail dans le style Martini Dry. Pour sublimer un cocktail déjà phare, j'ai voulu utiliser un gin unique en son genre, le Seventy One, aux notes de rose de Damas et de pamplemousse, mais aussi d'une botanique rare, une fleur appelée « reine de la nuit », qui ne fleurit qu'une fois par an et seulement la nuit. Le gin est vieilli en fûts pendant soixante et onze nuits, ce qui lui donne une couleur dorée. L'autre ingrédient est un vin liquoreux, le tokaji, du domaine de Hétzölo, acquis par notre propriétaire, monsieur Michel Reybier. Avec des arômes exotiques, des notes intenses d'abricot et d'agrume, il est le fruit d'une récolte faite à la main. Il est également marqué par une magnifique robe jaune doré et une texture liquoreuse. Enfin, pour exalter davantage le goût, nous avons utilisé un oleo saccharum fait maison, avec du pamplemousse rose, du citron et du citron vert, ainsi qu'un ingrédient aux propriétés bénéfiques : le laurier. Le cocktail est présenté dans un verre à martini aux formes délicates pour mettre en valeur les ingrédients qui le composent. Sa couleur dorée a un charme irrésistible. »

LE GASPARD MARTINI

PAR BARBARA MIGLIACCIO SPINA

Ingrédients

pour un cocktail

4 cl de gin Seventy One

2 cl de Tokaji aszu 5 puttonyos

Hétszölö 2010

gouttes d'*oleo saccharum* agrumes et laurier **1.**

1. Préparation

pour l'oleo saccharum d'agrumes et de laurier

Zestes d'agrumes

25 g de sucre par agrume

2 feuilles de laurier

Un cocktail intense en bouche, fait de gourmandise et d'exotisme avec un degré d'alcool qui ne laissera personne indifférent. Le côté ciselé du gin est adouci par le vin Tokaji, son sucre et sa patine. Le laurier et les agrumes, délicats, apporteront la fraîcheur finale au cocktail.

1. Instructions

pour l'oleo saccharum d'agrumes et de laurier

- Dans un pot, déposez les zestes d'agrumes bien lavés avec le sucre. Au bout d'une heure, le mélange sera déjà humide. Remuez la mixture et pressez les zestes de temps en temps pour les ramollir et qu'ils rendent le plus d'huile possible.
- Après 48 heures, filtrez en veillant à extraire le plus de sirop possible.
- Versez-le dans une bouteille en verre et ajoutez le laurier. Laissez reposer encore 24 heures, enlevez le laurier : l'oleo saccharum est prêt.

Instructions pour le cocktail

- Pour réaliser le cocktail, mélanger tous les ingrédients, et servir dans un verre à martini.

BAPTISTE MARTINI

RECETTE REVISITÉE DU GASPARD MARTINI

Par Baptiste Bochet

Ingrédients
pour le cocktail

4 cl d'un gin légèrement vieilli (Osmoz, Citadelle Réserve ou Salers)

2 cl d'un vieux pineau des Charentes

4 gouttes d'oleo saccharum d'agrumes **1.**

1 branche de romarin ou de thym frais (garniture)

1. Préparation
pour l'oleo saccharum d'agrumes

Zestes d'agrumes

25 g de sucre par agrume

Une VF du Gaspard Martini, aux ingrédients français et avec ça la possibilité de lui donner l'orientation qui sera la vôtre. Gin non vieilli et jeune pineau et vous gardez un maximum d'agrumes et d'arômes à chercher du côté des fruits du verger avec une certaine gourmandise toutefois.

Avec un vieux pineau et un gin vieilli, c'est la garantie de retrouver les notes délicatement vanillées du gin mais aussi le côté oxydatif et fruits exotiques qui apparaissent bien souvent dans les vieux pineaux.

1. Instructions
pour l'oleo saccharum d'agrumes

- Dans un pot, déposez les zestes d'agrumes lavés avec le sucre. Prenez soin de retirer le ziste afin de ne pas apporter d'amertume à votre saccharum. Pilez bien ! Laissez infuser une heure. Votre *oleo saccharum* est prêt !

Instructions
pour le cocktail

- Dans un verre à mélange, assemblez tous les ingrédients puis ajoutez les glaçons. Mélangez 30 secondes, filtrez et servez dans un verre à martini.
- Vous pouvez au préalable frotter le verre délicatement avec une branche de romarin ou de thym frais et vous servir de celle-ci comme décoration.

Le Lutetia

PRENDRE UN VERRE À *L'ARISTIDE*

Nous vous donnons à présent rendez-vous dans l'unique palace situé sur la rive gauche de la capitale : le *Lutetia*.

Ce magnifique immeuble style art déco inauguré en 1910 a toujours été un hôtel. Il a bénéficié entre 2014 et 2018 d'un rafraîchissement entre les mains de l'architecte star Jean-Michel Wilmotte.

Deux de ses restaurants portent encore la marque de la précédente rénovation qui avait été signée par le styliste Sonia Rykiel en 1985.

Sa situation rive gauche permet de voir Paris sous un autre angle et d'avoir accès rapidement au Quartier latin, à Saint-Germain-des-Prés, au jardin du Luxembourg, au Bon Marché et sa Grande Épicerie, au quartier d'Odéon avec ses théâtres et ses cinémas…

La *brasserie Lutetia* du chef Patrick Charvet vous accueille au rez-de-chaussée, avec un menu composé de classiques de la gastronomie française, comme de surprises contemporaines. Le *Saint-Germain* et sa verrière peinte par l'artiste Fabrice Hyber, est plutôt réservé au *tea time*.

Le *Lutetia* compte aussi deux bars : le *Joséphine* et ses splendides fresques art déco, et l'*Aristide* qui propose une ambiance plus intimiste. Les deux ont une offre de cocktails à tomber.

LVTÈTIA

LE BOB DYLAN WAS HERE LAST NIGHT

RECETTE REVISITÉE DU COCKTAIL DU LUTETIA

Par Baptiste Bochet

Ingrédients
pour un cocktail

3 cl de vermouth rouge

9 cl de champagne extra brut
ou de crémant

1,5 cl de Shrub de fruits rouges

Avec comme ingrédients le vermouth doux et le shrub de fruits rouges, ne vous attendez pas à voir le champagne en tête d'affiche. Ici seules ses bulles sont créditées au montage. Notes vineuses et d'épices apportées par le vermouth, perception tannique et compotée des fruits rouges du shrub, une belle acidité est attendue, de quoi faire de ce cocktail un best-seller pour l'été.

Préparation

- Mélanger directement au verre sur glaçons, dans un grand verre à vin.

Le Monte Cristo

DÉGUSTEZ UN VIETNAM DANS UN BAR À RHUM

L'hôtel de la rue Pascal, à Paris, se trouve à deux pas des quartiers touristiques, mais aussi fréquentés par les Parisiens et les Parisiennes. Il abrite un des meilleurs bars au monde en ce qui concerne le rhum : le 1802.

Lorsqu'on se balade dans le Ve arrondissement de Paris, il est impossible de passer à côté de cette façade chamarrée de vert. C'est au 20-22 de la discrète et calme rue Pascal que se trouve l'hôtel *Monte Cristo* (un quatre étoiles), un des établissements du groupe Hôteliers Impertinents. Pensé pour évoquer les goûts et la mémoire de l'écrivain français Alexandre Dumas (*Les Trois Mousquetaires et… Le Comte de Monte Cristo*, c'est lui !), le design du lieu évoque l'orientalisme cher à l'auteur. Ici, tout est fait pour que les visiteurs se sentent à la fois dépaysés et comme en dehors du temps. Couleurs pourpres, motifs chamarrés, plantes exotiques, objets chinés et matières nobles sont au programme, tandis que les peintures et les trumeaux ont été réalisés par le peintre Christoff Debusschere.

HOTEL MONTE CRISTO

LE MEILLEUR DES COCKTAILS AU RHUM

L'hôtel accueille un bar à nul autre pareil, puisqu'il s'agit d'un établissement spécialisé dans le rhum. Il peut même se targuer de proposer (au moment où nous écrivons ces lignes) plus de 1 300 références de ce spiritueux issu de la canne à sucre. Laissez-vous porter par les conseils aiguisés des barmen… et venez découvrir cette eau-de-vie chatoyante aux mille facettes. Pour celles et ceux qui sont déjà connaisseurs, sachez que le *1802* embouteille ses propres rhums en éditions très limitées et qu'il est possible de les déguster sur place ou d'en acheter des exemplaires à ramener chez soi.

Ou alors, optez pour un cocktail, puisque le *1802* a renouvelé sa carte de mixologie fin 2023 ! Alors qu'auparavant la présentation se faisait à partir des ingrédients, les cocktails sont désormais répartis par zones géographiques : Asie, Afrique, Amérique latine, Caraïbes, Europe, ainsi qu'une gamme classique. Pour aider les clients à faire leur choix, deux mots-clés viennent décrire chacun d'entre eux : par exemple « dense et épicé », ou « soyeux et savoureux ».

Il est aussi possible de se faire servir des tapas d'inspiration franco-japonaise en accord, travaillés par le chef du *Grand Dictionnaire* (un hommage à l'encyclopédie culinaire rédigée en 1873 par Alexandre Dumas et le cuisinier Denis-Joseph Vuillemot), au restaurant affilié à l'hôtel *Monte Cristo*, qui se trouve tout simplement de l'autre côté de la rue, si vous souhaitez poursuivre la soirée avec un dîner.

BARBADE
TRINIDAD & TOBAGO
Ste LUCIE
MARIE GALANTE

DONOVAN CHOUARI ET PAUL-ANTOINE HERBET

BAR MANAGER ET ASSISTANT BAR MANAGER DU *1802*

DONOVAN CHOUARI

«

Quel est votre parcours ?

Je fais du bar depuis bientôt 11 ans ; j'ai tracé mon chemin à travers tous types d'établissements. Du bar à shooter très festif, au poste de chef barman dans un hôtel cinq étoiles. Durant ce parcours, j'ai donc pu officier dans divers bars de rue, brasseries et restaurants à Strasbourg, ma ville natale, en tant que Chef Barman et Bar Manager. J'ai choisi aujourd'hui de travailler au *Bar 1802*, dans l'Hôtel *Monte Cristo*, pour être au plus près des sujets qui m'animent, à savoir les cocktails de qualité et les spiritueux. J'ai toujours été intéressé par les spiritueux, leurs histoires et le spectre des saveurs qu'ils peuvent proposer. (Initialement le whisky et maintenant le rhum).

Que diriez-vous du bar *1802* ?

Le *1802* est un endroit magnifique, autant par son décor, que par les produits qu'il propose. Véritable temple du rhum et des cocktails, le lieu saura ravir néophytes comme amateurs, dans un cadre cosy. L'équipe en place sera de bon conseil pour la dégustation d'un cocktail ou d'un verre de rhum. Le bar propose actuellement 19 cocktails créations au menu et plus de 1 300 références de rhum/rum/ron à la dégustation, parmi les plus grands choix du monde (et le plus grand en France).

Que diriez-vous de votre clientèle ?

Elle est assez hétéroclite. Nous avons les clients de l'hôtel qui viennent nous voir sans forcément savoir que nous sommes un bar à cocktails très réputé, ni que nous avons une spécialisation sur le rhum. Nous avons également une clientèle plus avertie sur ce que nous proposons, qui vient chercher des cocktails très travaillés ou des dégustations de spiritueux « neat », que ça soit en découverte initiatique ou des connaisseurs qui viennent ici trouver des produits exceptionnels. Cette clientèle est mixte en termes de nationalités et d'origines, l'hôtel apportant évidemment une bonne part de clients étrangers. Elle consomme de tout, avec une plus grosse proportion de cocktails, mais également de la dégustation.

Quels sont vos spiritueux préférés ?

Mon spiritueux préféré en dehors du rhum est le whisky tourbé, et en termes d'alcool au sens large, ma carrière ayant démarré avec la bière, c'est un produit qui restera en moi. Bien que j'apprécie tous les styles de bières, j'ai une préférence pour les stouts/porters bien épais et pour les barley wine.

Votre ingrédient magique ?

Mes ingrédients magiques sont le Skinos (une liqueur grecque faite à partir de résine d'arbuste) et le bitter Plum de Fee Brothers. Pour moi, un bon cocktail, quelle que soit la recette ou les ingrédients utilisés, doit être un cocktail équilibré. C'est le point d'orgue d'une boisson réussie. Ensuite, j'ai toujours un attrait particulier pour les ingrédients incongrus ou les associations de saveurs expérimentales. »

PAUL-ANTOINE HERBET

«

Quel est votre parcours ?

Pour ma part, mon expérience dans la restauration démarre au sein de l'école hôtelière de Bonneveine à Marseille. École dans laquelle je suis restée 6 ans entre le bac, le BTS et la mention complémentaire barman. Durant ces années d'études, j'ai débuté le bar au *Blue Gin*, bar du *Monte-Carlo Bay* à Monaco, là où j'ai pu faire mes premières armes. J'ai ensuite enchaîné au Carry Nation, speakeasy emblématique de Marseille au sein duquel j'ai évolué pendant 2 ans, d'abord en tant que barman, puis en tant que responsable de bar. Me voici désormais assistant bar manager de mon bar préféré au monde, le *1802*. Ayant eu de multiples expériences dans des établissements de luxe, c'est surtout pour le bar que je suis venu de prime abord. C'est en étant au centre de l'activité que l'on se rend compte de ce qui est possible grâce au support du *Monte Cristo*. Les deux ensembles nous permettent de développer de nouveaux événements et de se lancer dans des projets toujours plus ambitieux les uns que les autres.

Que diriez-vous du bar *1802* ?

Si je devais décrire le *1802*, et de manière complètement non objective, je dirais que c'est le meilleur bar du monde tant je me sentais bien lorsque je m'y rendais il y a quelque temps en tant que client, et que ce sentiment perdure maintenant que j'y travaille. Pour étoffer un peu plus ma réponse, c'est un lieu de découverte. Découverte à la fois d'une carte de cocktails créée par nos prédécesseurs d'une précision extrême, mais aussi la

VOYAGE DU COMTE
CASK STRENGHT
SIMBAD
OLD
1802

PRIVÉ

découverte de ce monde fabuleux qu'est celui du rhum. Un monde complexe, infini et qui ne cesse de me surprendre. J'ai par habitude de préférer les bars à cocktails plutôt que les bars d'hôtel qui, selon moi, sont très souvent restreints par une direction d'établissement un petit peu déconnectée de ce qu'est le monde du bar. Les bars à cocktails sont généralement dirigés par des personnes plus proches de la réalité de notre monde. C'est en cela que le *1802* est une exception à la règle. La direction nous suit dans nos projets et nous y encourage. Le bar est facilement détachable de l'ambiance générale du reste de l'enseigne.

Que diriez-vous de votre clientèle ?

Nous avons une clientèle extrêmement diverse. De tous les âges, toutes nationalités confondues. Amateurs confirmés de rhum ou bien ouverts à la découverte.

Que diriez-vous de la carte du *1802* ?

Les cocktails les plus consommés sont ceux de notre carte, notamment : Vietnam, Hispaniola et Antilles Françaises.
Nos créations sont un juste mélange entre l'utilisation de choses classiques, déjà existantes, mais revisitées et de choses complètement singulières.

Une anecdote amusante ?

Nous avons eu la chance de recevoir dans notre hôtel le bartender star Simone Caporale lors de sa dernière venue à Paris. Il en a profité pour faire un court passage au bar et c'était un réel plaisir d'échanger sur sa vision du bar, de *Sips*, etc.

Quels sont vos spiritueux préférés ?

Pas de doute quant à mon alcool de prédilection. C'était le rhum avant de venir et il en reste d'autant plus en haut de la liste. J'ai cela dit un grand amour pour la bière, les sherrys, le pineau, l'hydromel…

Votre ingrédient magique ?

Le sherry ou bien le thé (de tous types et toutes origines). Pour rendre hommage à mon ancien bar, le *Ratafia* de Marseille de la maison Ferroni est également un excellent joker.
Un bon cocktail c'est un cocktail équilibré, surprenant ou bien très simple tant qu'il est fait à la perfection. La présentation est pour moi primordiale, j'ai un profond attrait pour les verreries singulières. »

LE VIETNAM

D'ADRIAN NINO
VU PAR DONOVAN CHOUARI
ET PAUL-ANTOINE HERBET

Ingrédients

3 cl Sampan Overproof Rhum ginger **1.**

5 cl de cordial basilic thaïlandais et coriandre **2.**

0,5 cl de liqueur de tomate La Tomato

0,5 cl de H Theoria Midi Fauve Huiles verte, rouge et jaune **3.**

En bouche, bouquet du feu d'artifice et bouquet d'aromates, le feu du gingembre viendra au moment où vous croyiez que le spectacle était fini. Que dire des différentes huiles présentes en surface du verre qui viendront vous chatouiller la langue au moment auquel vous vous y attendiez le moins, tel Léon dans l'introduction du film éponyme.

1. Préparation

pour 70 cl d'Overproof Rhum

- 75 cl de Sampan Overproof rhum
- 90 g de gingembre râpé 6 h d'infusion à température ambiante

Filtrez au chinois puis au filtre à café pour récupérer -/+ 70 ml

2. Préparation

pour 6 l de cordial basilic thaïlandais et coriandre

- 4 l de lime stock (500 g de restes de citron vert, 1 l d'eau ; laissez infuser 24 h à froid, puis filtrez au torchon)
- 4 bottes de coriandre exprimées
- 4 bottes de basilic thaïlandais
- 1,6 kg de sucre blanc
- 190 g d'acide citrique

Laissez infuser 24 heures à froid / filtrer au torchon

3. Préparation

des trois huiles

- **Huile verte**

Versez 50 cl d'huile de pépins de raisin bouillante sur ½ botte de coriandre et ½ botte de basilic thaï. Mixez, puis filtrez au torchon.

- **Huile rouge**

Mixez 50 cl d'huile de sésame avec 10 piments oiseaux frais. Filtrez au torchon.

- **Huile jaune**

Huile de noix.

Instructions

- Nous parlons en effet de cl, l'unité est précisée à chaque produit, pas de doute possible. À raison de 3 cl par cocktail, la préparation de 70 cl peut donc servir à environ 23 cocktails.
- Placez tous les éléments préparés en avance en **1.**, **2.** et **3.** au frais.
- Dans un shaker, mélangez tous les ingrédients, sauf les trois huiles.
- Servez dans un verre pony savage. Ajoutez 4 à 5 gouttes de chaque huile par service du cocktail.

LE HANOÏ

RECETTE REVISITÉE DU VIETNAM

Par Baptiste Bochet

Ingrédients

pour un cocktail

4 cl d'eau gazeuse (facultatif)

3 cl de rhum agricole[1]

2 cl de jus de citron vert

1,5 cl de sirop de sucre simple

5 feuilles de basilic (idéalement basilic thaï)

5 feuilles de coriandre

1 c. à café de jus de tomate (facultatif)

1 pincée de cumin

1 baie Timur (facultatif)

1 trait de Tabasco (facultatif)

Le cocktail du Monte Cristo *est délicieux, mais fastidieux à réaliser… Voici ma version simplifiée. On prend les mêmes et on recommence, avec toutefois une intensité relative ! Ici, loin de vouloir satisfaire une esthétique léchée, votre serviteur vous a rendu optionnels la plupart des ingrédients qui arrachent.*

Instructions

- Dans un shaker, écraser la baie Timur.
- Ajouter le reste des ingrédients et mélanger.
- Servir dans une coupe à cocktail.
- Si vous souhaitez vous rapprocher de l'esprit du cocktail original, décorez d'une feuille de coriandre ou de basilic et d'un trait de tabasco si le piment vous sied.

1. Idéalement un Bielle 59 %, ou un Neisson, Longueteau ou Saint James Bio.

L'InterContinental Lyon - Hotel Dieu

LE « MEILLEUR BAR DU MONDE » DANS LA CAPITALE DE LA GASTRONOMIE FRANÇAISE

Lyon, la capitale des Gaules, est aussi celle de la gastronomie française. Le cocktail et la mixologie étant selon nous l'équivalent d'une gastronomie ou d'une cuisine liquide, il nous fallait absolument passer par les bords du Rhône. Nous n'avons pas eu à chercher longtemps, puisqu'un de ses bars d'hôtel a été élu meilleur bar du monde aux Prix Villégiature Awards 2020-2021. Il s'agit du bar Le Dôme *de* InterContinental Lyon - Hotel Dieu, *où vous aurez le plaisir de déguster un Panthéon.*

L'hôtel *InterContinental* est niché au sein du monument historique le plus grandiose de Lyon, le Grand Hôtel-Dieu, dans le quartier de Bellecour. Le site est de longue date dédié à l'hospitalité. Au XIIe siècle, s'y dressait une maison des pèlerins, qui fut au fil du temps transformée en hôpital, plusieurs fois détruite, agrandie et rénovée. L'Hôtel-Dieu, dont la mission depuis l'époque médiévale était d'accueillir pèlerins, malades et miséreux, demeura un centre hospitalo-universitaire jusqu'en octobre 2010. Au vu de sa situation exceptionnelle, la décision fut prise d'en faire un hôtel de luxe.

La capitale des Gaules est particulièrement bien achalandée en restaurants étoilés ou non (notamment les fameux bouchons), et l'édifice vient confirmer la règle qui veut qu'on mange divinement bien à Lyon.

Le restaurant *Epona* (du nom d'une déesse gauloise) est conduit d'une main de maître par Mathieu Charrois qui propose une cuisine de saison et locale revisitée tout en finesse. Mais livre sur les cocktails oblige, c'est bien sûr le bar de l'hôtel, *Le Dôme*, qui a retenu notre attention !

LE DÔME AU FIRMAMENT

Le grand dôme de l'Hôtel-Dieu abritait une chapelle ouverte sur les salles avoisinantes où reposaient les malades, leur permettant de suivre les offices depuis leurs lits. Sous sa clef de voûte de trente-deux mètres, cette majestueuse coupole accueille désormais un bar impressionnant, *Le Dôme.* Réalisé en albâtre rétroéclairé, son bar monumental se dresse majestueusement sous la voûte comme un objet précieux. Ses banquettes et tables mettent en valeur l'architecture historique unique de l'endroit, tout en affirmant sa nouvelle identité contemporaine. Le choix des tissus fait dialoguer luxe et dépouillement. De grands paravents complètent cet élégant décor. Ceux-ci ont également une fonction acoustique : ils atténuent la réverbération du son dans ce volume hors norme. Le bar *Le Dôme* propose une carte de boissons sortant des sentiers battus, combinant un fort ancrage local avec une vaste ouverture internationale. Les produits régionaux les plus traditionnels s'invitent ainsi dans les recettes des cocktails signature. Le cocktail *Le Dôme* détourne ainsi la praline rose, un bonbon typiquement lyonnais, pour la marier avec de la vodka, du champagne rosé et du citron. Les amateurs aux goûts plus cosmopolites trouvent eux aussi leur compte dans cette offre de boissons faisant parallèlement la part belle aux alcools internationaux et invitant à un tour du monde en quatre-vingts verres.

PIERRE LE HEMONET GWÉNOLÉ GUILLO ET ALEXANDRE GRAZIA

RESPONSABLE ET SUPERVISEURS DU *BAR*

PIERRE LE HEMONET

« Avant l'*InterContinental*, aviez-vous déjà eu une expérience de la restauration ?

Dans le monde palpitant de la restauration, chaque expérience forge une histoire unique, une aventure culinaire qui nous transporte à travers les saveurs et les cultures. Pour moi, ce voyage a commencé au *Grand Véfour*, aux côtés du chef étoilé Guy Martin. Ce fut une immersion dans l'excellence, dans l'effervescence d'un des joyaux de la gastronomie parisienne, où j'ai pu explorer les nuances subtiles de la haute cuisine. De là, mon parcours m'a mené à travers les rues pavées de Paris, dans des établissements prestigieux tels que l'hôtel *Régina* et *Le Bristol*, où j'ai affiné mon art dans l'art du service et de l'hospitalité. Spécialisé dans les hôtels, mais toujours passionné par la gastronomie, j'ai continué à me perfectionner, à élargir mon horizon. Le monde n'est pas limité aux frontières de la Ville Lumière.

Mon désir de découvertes m'a conduit à traverser les océans jusqu'en Australie, où j'ai apporté mon savoir-faire au *Sofitel Gold Coast*. Puis, ce fut la Colombie, une immersion dans un monde de couleurs et de saveurs exotiques. Là-bas, en tant que responsable d'un restaurant d'inspiration française, j'ai eu l'opportunité de partager ma passion pour la cuisine française authentique, en utilisant des produits de qualité. Enfin, aux Pays-Bas, j'ai rejoint l'équipe de l'hôtel *Hyatt* en tant que membre de la *task force*, contribuant à élever l'art de l'accueil et de la gastronomie dans un environnement dynamique et multiculturel.

Ma dernière escale fut en réalité un retour aux sources, en France, puisqu'il m'a conduit à *L'Échiquier*, un établissement quatre étoiles et enfin au *Dôme* où je continue à apporter ma passion, mon expérience et mon dévouement à l'art de la restauration. Mon parcours est ponctué de rencontres, d'apprentissages et de découvertes.

Aviez-vous déjà l'expérience d'un bar de rue ?

Oui, j'ai eu quelques expériences dans des brasseries parisiennes comme le café *La Palette* dans le quartier de Saint-Germain-des-Prés, à Paris. C'était un endroit animé avec une clientèle fidèle, souvent artistique. J'ai aussi travaillé dans une brasserie à Montmartre, où le service était rapide et la terrasse bondée, surtout pendant les heures de pointe. J'étais plongé dans l'ambiance dynamique des rues parisiennes, jonglant avec les commandes et les sourires des clients de passage.

Pourquoi avez-vous postulé dans un hôtel de luxe ?

J'ai toujours été attiré par l'univers du luxe ; mes premières expériences professionnelles se sont d'ailleurs déroulées dans des établissements prestigieux. Ce qui m'a particulièrement séduit, c'est la clientèle exigeante et le personnel hautement qualifié issu d'écoles hôtelières renommées. De plus, les conditions de travail dans un hôtel de luxe sont souvent très attrayantes, avec des horaires sans coupure, ce qui permet de maintenir une certaine qualité de vie tout en offrant un service exceptionnel à la clientèle.

Parlez-nous de votre bar

Notre bar incarne l'exception à bien des égards. Il possède une dimension historique qui lui confère une identité unique, ancrée dans l'histoire de Lyon. Travailler ici, c'est plonger dans une atmosphère chaleureuse et humaine, où le lien avec la clientèle est privilégié.

Quelle est, selon vous, la différence la plus frappante entre un bar à cocktails classique et un bar d'hôtel de luxe ?

La différence la plus marquante réside dans la qualité des produits utilisés, que ce soit le sucre, les alcools ou les ingrédients pour l'association des saveurs. Les gestes et techniques employés ne sont pas les mêmes, et une rigueur accrue est observée dans la conservation des produits, avec une chaîne du froid et des processus plus rigoureux dans un bar d'hôtel de luxe. De plus, la verrerie, bien que coûteuse, joue un rôle essentiel dans la perception et l'expérience du cocktail, ce qui est souvent davantage mis en valeur dans un cadre luxueux.

Comment décririez-vous la clientèle ?

La clientèle est incroyablement diverse, un véritable melting-pot. Nous accueillons des visiteurs étrangers en raison de notre situation dans un hôtel, mais également une clientèle locale attirée par la curiosité et le bouche-à-oreille. Nous voyons défiler une clientèle locale éclectique, et c'est ce qui rend notre bar si spécial : nous accueillons tout le monde de la même manière, que ce soit pour un simple café ou pour un cocktail élaboré.

Quels sont les cocktails les plus consommés par les clients ?

Parmi les cocktails les plus appréciés de notre clientèle, nous retrouvons le Panthéon, le Dôme et le Tiramisu (présent sur notre dernière carte d'hiver). Ce dernier est une création originale réalisée en collaboration avec nos collègues du service pâtisserie, élaborée avec soin et soumise à un processus de clarification pour une expérience gustative unique.

Y a-t-il une personne en particulier que vous avez eu le plaisir de servir ? Avez-vous une anecdote amusante à nous confier ?

J'ai eu le privilège de servir Alain Delon à l'*InterContinental Paris*, sur les Champs-Élysées. Lorsqu'il est entré dans la salle, un silence s'est installé comme si le temps s'était arrêté. Toutes les générations présentes l'ont reconnu ; une aura particulière émanait de lui, créant une atmosphère unique et mémorable.

La demande la plus folle ?

Récemment, une cliente est venue fêter l'anniversaire de son chat au bar *Le Dôme*. Elle tenait absolument à ce que nous créions une boisson spéciale pour lui afin de célébrer cette grande occasion. Nous avons donc concocté un mocktail à base de son poisson préféré : l'anchois.

Qu'aimez-vous dans les cocktails ?

J'apprécie la découverte de nouvelles saveurs et de nouveaux alcools. Les cocktails offrent une opportunité excitante d'explorer des saveurs inattendues et de sortir de nos habitudes. C'est une manière de découvrir de nouveaux horizons gustatifs et d'ouvrir le champ des possibilités. Les cocktails nous permettent de nous recentrer sur nos préférences tout en élargissant nos goûts, car il existe une multitude de combinaisons possibles. Je suis particulièrement attentif à l'équilibre des saveurs dans un cocktail, suivant la « règle des 3S » : *sweet*, *sour* et *strong*. Respecter cet équilibre est essentiel pour créer une expérience de dégustation harmonieuse et mémorable.

Comment est élaborée la carte des cocktails ?

Nous ne proposons pas directement les cocktails « classiques », nous avons une carte de cocktails signature, nos incontournables, que l'on retrouve toute l'année. Puis il y a les cocktails créations qui changent au gré des saisons et qui mettent en avant différentes spécificités. Nous avons pu notamment travailler sur une carte autour des entrées d'été (tomate burrata, tzatzíki…) ou encore les desserts d'hiver (tarte tatin, tiramisu…). Nous laissons l'ensemble de l'équipe laisser libre cours à sa créativité et à son imagination pour réaliser des créations uniques et surprenantes. À cela s'ajoutent des cocktails au champagne, des cocktails d'exception, une sélection de Negronis et de vins venant du monde entier.

Quel est votre alcool préféré ?

Mon cœur balance entre le rhum et le whisky, mais je dois avouer une préférence pour les whiskys japonais et écossais. Ces deux traditions partagent une même école, les Écossais ayant exporté leur savoir-faire au Japon, où il a été sublimé. J'apprécie également beaucoup les rhums sud-américains, qui se distinguent par leur sucrosité plus prononcée. J'ai découvert ces derniers lors de mes expériences de travail en Colombie.

Votre ingrédient magique ?

Pour moi, c'est la liqueur de Chambord, un véritable atout dans la création de cocktails, car elle apporte un équilibre subtil et une touche d'élégance à une grande diversité de recettes.

Quelle est votre définition d'un bon cocktail ?

Pour moi, un bon cocktail repose avant tout sur l'équilibre, la « règle des 3S ». Mais la qualité du cocktail, le cadre dans lequel il est dégusté et le moment auquel il est savouré contribuent aussi à l'expérience globale. Chaque instant de la journée offre une atmosphère différente, et cela influe sur notre appréciation du cocktail. L'association de plusieurs facteurs, tels que la qualité des ingrédients et le lieu, crée une expérience inspirante, une invitation à la découverte, à la détente et à la contemplation. L'essentiel est de se laisser porter par le moment, et de savourer chaque gorgée avec plaisir.

Parlez-nous du cocktail emblématique de votre établissement

Le Dôme est bien plus qu'un cocktail. Il symbolise notre histoire, notre attachement à notre lieu et à notre ville. Dès le début, nous avons voulu créer une expérience sensorielle unique, en harmonie avec l'identité lyonnaise. Au cœur de ce breuvage, se trouve un ingrédient précieux : le sirop de praline rose, une spécialité locale qui évoque à lui seul les saveurs et les arômes de la ville. La création de ce cocktail iconique ne s'arrête pas à la sélection des ingrédients. Nous nous sommes également engagés à répondre aux défis contemporains, tels que les allergies et les contraintes alimentaires. C'est pourquoi Le Dôme est élaboré avec un émulsifiant végan, garantissant une texture veloutée et une expérience gustative sans compromis, accessible à tous.

»

GWÉNOLÉ GUILLO

«

Avant l'*InterContinental*, aviez-vous déjà eu une expérience de la restauration ?

Mon expérience professionnelle s'est exclusivement déroulée au sein de bars d'hôtels de prestige, plutôt que dans la restauration.

Aviez-vous déjà l'expérience d'un bar de rue ?

J'ai toujours travaillé dans des établissements cinq étoiles et des palaces. Mon choix s'est toujours porté vers l'excellence de l'hôtellerie de luxe, un environnement où j'ai évolué professionnellement et où j'ai été formé.

Pourquoi avez-vous postulé dans un hôtel de luxe ?

J'ai toujours postulé dans des hôtels de luxe en raison de la rigueur professionnelle qu'ils exigent, mais aussi pour l'opportunité de travailler avec une clientèle internationale prestigieuse. Dans ces établissements cinq étoiles et palaces, le contact permanent avec une clientèle diverse m'a permis d'apprendre énormément et de contribuer de manière significative à leur expérience. Travailler dans un environnement haut de gamme a toujours été une évidence pour moi, nourrie à la fois par mes voyages durant l'enfance et mes études. La remarque d'un de mes professeurs de lycée à Quimper résonne encore en moi : « Pour vous, travailler dans le luxe est une évidence. » Cette prédiction s'est avérée juste. J'ai consacré la première partie de ma carrière à travailler dans des établissements de renom, mais souvent de manière saisonnière. Rejoindre L'*InterContinental Lyon - Hotel Dieu* et le bar *Le Dôme* m'a fait accéder à une stabilité professionnelle que je n'avais jamais expérimentée auparavant.

Parlez-nous de votre bar

Le plus beau bar d'hôtel du monde ! Il s'agit d'un espace majestueux, d'une ampleur impressionnante, doté d'une singularité remarquable, logé sous une magnifique coupole conçue par monsieur Soufflot en 1741. Au-delà de son architecture grandiose, c'est une salle offrant une capacité remarquable, accueillant une clientèle variée et proposant une carte de cocktails raffinée, avec des offres exceptionnelles. Le *Dôme* ne se limite pas à être un simple bar à cocktails ; c'est un véritable lieu d'échanges et de découvertes, offrant des Ateliers Œnologiques, un *Tea Time* exquis proposé chaque après-midi, ainsi que des événements musicaux d'exception.

Quelle est, selon vous, la différence la plus frappante entre un bar à cocktails classique et un bar d'hôtel de luxe ?

À mon sens, la principale distinction entre un bar à cocktails et un bar d'hôtel de luxe réside dans la clientèle. Au *Dôme,* nous accueillons une clientèle aisée et internationale qui ne fréquente pas nécessairement les bars classiques. Pour les personnalités connues, il est rassurant de savoir qu'elles peuvent profiter d'une certaine tranquillité et d'une certaine intimité chez nous, où la confidentialité est préservée.

Comment décririez-vous la clientèle ?

Comme l'a souligné Pierre, notre clientèle est incroyablement diversifiée. Nous accueillons à la fois une clientèle étrangère et locale à Lyon. *Le Dôme* est un lieu de rencontre où les jeunes et les moins jeunes se retrouvent grâce à une large gamme d'offres. Que ce soit en famille, entre amis, en couple ou pour des rencontres d'affaires, nous accueillons des visiteurs de tous horizons.

Quels sont les cocktails les plus consommés par les clients ?

Nos cocktails signature sont les plus consommés par nos clients, le Panthéon, qui nous a valu le titre de meilleur bar d'hôtel au monde en 2021, et Le Dôme. Bien que nous ne les mettions pas en avant sur notre carte, nous proposons également une sélection de cocktails classiques très appréciés par nos clients, tels que le Bourbon Old Fashioned ou encore le Negroni. Nous privilégions surtout la découverte avec des créations originales de notre équipe.

Y a-t-il une personne en particulier que vous avez eu le plaisir de servir ? Avez-vous une anecdote amusante à nous confier ?

J'ai eu l'opportunité de servir monsieur Bernard Farcy, célèbre pour son rôle de commissaire dans le film *Taxi*, accompagné de sa femme, lors de leur visite au *Dôme*. Ce fut une rencontre très agréable. Originaire de Lyon, il manifeste une grande fierté pour sa ville et ses lieux emblématiques. Il a même pris le temps de nous laisser un mot, que je conserve précieusement dans mon casier.

La demande la plus folle ?

Un soir, alors que *Le Dôme* était fermé, un groupe de gospel répétait pour l'un de nos événements du lendemain. Au même moment, nous accueillions un chanteur de renommée internationale de retour de son concert. En entendant le groupe, il les a rejoints de manière inattendue et a partagé quelques notes de musique avec eux, pour leur plus grand bonheur !

Qu'aimez-vous dans les cocktails ?

Ce qui me passionne dans l'art des cocktails, c'est avant tout la créativité et le partage que cela suscite, mais surtout les expériences gustatives uniques qu'un cocktail peut offrir : l'émerveillement des clients lors de leur première dégustation,

la découverte de saveurs inattendues qui les surprennent à chaque gorgée.

Quel est votre alcool préféré ?

Je n'ai pas d'alcool préféré. Gin, bourbon, tequila, pastis, je les apprécie tous.
Ce que j'apprécie par-dessus tout, c'est l'exploration.
Il y a juste une boisson que je ne porte pas dans mon cœur : la bière.

Votre ingrédient magique ?

La surprise. Un client nous demande un cocktail, une création à base de ça et de ça et nous cherchons à le surprendre avec une création personnalisée, sur la base de ce qu'il nous a demandé. J'ai un ingrédient fétiche : la liqueur de cerise. Elle apporte une note sucrée et fruitée à chaque cocktail que j'apprécie particulièrement.

Quelle est votre définition d'un bon cocktail ?

Pour moi, un bon cocktail est celui qui m'inspire, qui me laisse un souvenir à la fois olfactif et gustatif.
Il ne s'agit pas nécessairement d'un cocktail que j'aurais envie de boire à nouveau, mais il correspond à un moment, à un lieu, à une compagnie.

Parlez-nous du cocktail emblématique de votre établissement

Le Panthéon est notre déclaration d'amour à Soufflot, un mélange subtil alliant les notes florales de la liqueur St-Germain et la finesse d'un sirop de champagne Blanc de Blancs fait maison, le tout sur une base de vodka, de thé blanc et de jus de citron. Soufflot est l'architecte qui a réalisé l'Hôtel-Dieu de Lyon et, pour la petite histoire, il n'a jamais vu sa réalisation terminée car il a été appelé sur un autre chantier… le Panthéon, à Paris.

»

ALEXANDRE GRAZIA

« Avant l'*InterContinental Lyon – Hotel Dieu*, aviez-vous déjà eu une expérience de la restauration ?

J'ai travaillé pendant deux ans dans une brasserie à Tournus, en Bourgogne. J'étais au bar, aux boissons, mais aussi beaucoup au service du restaurant. C'était un établissement beaucoup plus décontracté que Le *Dôme*. Il y avait de la découpe en salle, des plats mijotés et des cocottes sur table. Les maîtres mots étaient convivialité et partage.

Aviez-vous déjà l'expérience d'un bar de rue ?

J'ai travaillé à Wellington, dans le bar *The Library*, un des plus vieux bars à cocktails de Nouvelle-Zélande, J'y suis resté neuf mois.

Pourquoi avez-vous postulé dans un hôtel de luxe ?

Ce qui m'a conduit à ce domaine, c'était une évolution naturelle de mon parcours.
Avant cela, j'ai travaillé dans le domaine de l'art contemporain, où je gérais les réseaux sociaux, les partenariats et la coordination avec les festivals. J'ai remarqué une connexion entre le monde de l'art et celui du luxe, en particulier en ce qui concerne la clientèle. Les mondes de l'art et de la gastronomie partagent de nombreuses similitudes et se complètent mutuellement.

Parlez-nous de votre bar

Nous avons ici un endroit singulier, intemporel. C'est un véritable morceau d'histoire, une partie intégrante de l'histoire de Lyon et de sa région. C'est un lieu où nous perpétuons, à notre manière, l'héritage d'un passé hospitalier. C'est un lieu majestueux, vraiment unique en son genre.

Quelle est, selon vous, la différence la plus frappante entre un bar à cocktails classique et un bar d'hôtel de luxe ?

Cela réside dans l'attention portée aux clients et dans la personnalisation du service. Dans un bar d'hôtel, nous nous engageons à répondre à toutes les attentes des clients et à leur offrir le meilleur service possible, ce qui nécessite une approche différente. Au *Dôme*, en particulier, nous sommes les gardiens d'une histoire, nous sommes responsables de la préservation de l'histoire et de l'image du lieu. Nous nous considérons un peu comme des conteurs à travers notre service.

Comment décririez-vous la clientèle ?

Une clientèle curieuse qui a envie de découvrir et qui a surtout envie de passer un moment particulier et de se laisser faire.
Notre clientèle est accessible et ouverte à la découverte de produits.

Quels sont les cocktails les plus consommés par les clients ?

Les cocktails créations, le Dôme et le Panthéon, ainsi que certains des cocktails saisonniers.

Quel est l'équilibre entre les cocktails classiques et vos propres créations ?

Notre volonté est de faire découvrir nos créations uniques tout en restant ouverts à l'ensemble des cocktails classiques. Nous n'avons jamais refusé de préparer un cocktail et nous sommes même disposés à les personnaliser selon les souhaits du client. Cependant, notre priorité est de faire découvrir et de mettre en valeur notre singularité avant de présenter les classiques. Chez nous, nos clients recherchent l'inconnu, l'expérience unique.

Y a-t-il une personne en particulier que vous avez eu le plaisir de servir ? Avez-vous une anecdote amusante à nous confier ?

Sean Penn, très accessible très ouvert, très chaleureux. Ce n'est pas l'image que l'on pourrait avoir d'une star. Il est très simple, sans prétention. Il voulait juste se rafraîchir avec un coca.

La demande la plus folle ?

Cela ne pourrait figurer dans un livre, nous laissons place à votre imagination.

Qu'aimez-vous dans les cocktails ?

C'est l'exploration des associations de saveurs et la possibilité de raconter des histoires à travers les ingrédients. Chaque cocktail est une opportunité de mettre en valeur des produits uniques, créés avec des techniques spécifiques, qui reflètent un terroir, une histoire, voire le parcours personnel des artisans qui les créent.

Quel est votre alcool préféré ?

Mon alcool préféré est l'eau-de-vie d'abricot, découverte grâce à la distillerie Capovilla.
Cette eau-de-vie est élaborée à partir d'abricots cultivés au pied du Vésuve. L'eau-de-vie d'abricot incarne la quintessence la plus pure du fruit et de l'alcool, offrant une expérience très liée au monde de la parfumerie. On peut retrouver le goût authentique du fruit sans artifice ni altération.

Votre ingrédient magique ?

Le sel. Pas tout le temps mais souvent. Il peut contrebalancer beaucoup de choses.

Quelle est votre définition d'un bon cocktail ?

Pour moi, un bon cocktail est celui qui m'inspire, qui me laisse un souvenir à la fois olfactif et gustatif. Il ne s'agit pas nécessairement d'un cocktail que j'aurais envie de boire à nouveau, mais il correspond à un moment, à un lieu, à une compagnie.
»

LE DÔME

PAR L'ÉQUIPE DU BAR *LE DÔME*

Ingrédients

4,5 cl de vodka

4 cl de champagne

2 cl de jus de citron jaune

1,5 cl de sirop de praline rose

4 à 5 gouttes d'émulsion végane Fee Foam

Praline rose concassée (pour décorer)

Un cocktail délicieusement régressif au goût de sucre caramélisé, les bulles ainsi que le goût délicat d'amande viendront apporter un peu de fraîcheur. La couleur vous donnera envie de revoir le film Barbie.

Instructions

- Dans un shaker, versez le sirop de praline rose, la vodka, le jus de citron jaune et l'émulsion végane Fee Foam. Ajoutez de la glace.
- Secouez vigoureusement pendant quelques instants. Retirez la glace du shaker.
- Secouez à nouveau pour bien mélanger les ingrédients.
- Versez le mélange dans un verre à cocktail. Ajoutez délicatement le champagne par-dessus.
- Saupoudrez de praline rose concassée.

LE TEMPS DES CERISES

RECETTE REVISITÉE DU PANTHÉON

Par Baptiste Bochet

Ingrédients

pour un cocktail

4 cl de bourbon

1 c. à café (ou un sachet) de thé rooibos aux amandes

20 cl d'eau bouillante

2 cl de jus de citron jaune

1,5 cl de liqueur de cerise

0,5 cl de liqueur de framboise (optionnel ici)

1 c. à café de sucre blanc

En hommage à Lyon, cerises et framboises sont ici à l'honneur. En saison, vous pouvez vous amuser à les cuisiner. Sinon, une bonne liqueur de chaque ou une purée de fruits de qualité feront très bien le travail. Ce cocktail est une danse autour des notes d'amande amère, de boisé, de fruité sombre avec un côté vanillé en plus.

Instructions

- Faire infuser le thé rooibos dans l'eau bouillante.
- Prélever 6 cl de la préparation et verser dans un verre de type tumbler.
- Ajouter le sucre dans le thé chaud, puis les autres ingrédients, puis des glaçons et mélanger 15 secondes à la cuillère.
- Servir dans un verre.

Ingrédients
pour un cocktail

1 c. à café (ou un sachet) de thé rooibos aux amandes

20 cl d'eau bouillante

4 cl de bourbon

2,5 cl de jus de citron jaune

1,5 cl de liqueur de cerise

1,5 cl de sirop de praline et cannelle **1.**

0,5 cl de liqueur de framboise

1 trait de sirop de sucre (optionnel, selon vos goûts)

1. Préparation
pour le sirop de praline et cannelle

50 g de pralines

70 g d'eau

1 bâton de cannelle

Nous restons à Lyon avec des pralines, des vraies, pas celles à base de cacahuètes, car le goût n'est pas le même ! Et ce que nous cherchons dans les amandes c'est le petit côté noyau, qui ira parfaitement avec la cerise et le bourbon. Vous y trouverez l'épicé comme merveilleux liant.

Instructions

- Pour le sirop de praline et cannelle, concasser les pralines dans une casserole, ajouter un bâton de cannelle et compléter avec l'eau.
- Faire bouillir le mélange, puis couper le feu et laisser refroidir.
  Filtrer, puis conserver au réfrigérateur ; le sirop se conserve deux semaines.
- Faire infuser le thé rooibos dans l'eau bouillante.
- Prélever 6 cl de la préparation et verser dans un verre de type tumbler.
- Ajouter le sucre dans le thé chaud, puis les autres ingrédients, puis des glaçons et mélanger 15 secondes à la cuillère.
- Servir dans un verre.

MEZZO TEMPO DES CERISES

(NIVEAU INTERMÉDIAIRE)

Par Baptiste Bochet

IL EST TEMPS

(NIVEAU EXPERT)

Par Baptiste Bochet

Ingrédients
pour un cocktail

3 cerises ou 2 c. à café de confiture de cerises

1 framboise ou 1 c. à café de confiture de framboises

6 cl de thé rooibos

4 cl de bourbon

2,5 cl de jus de citron jaune[1]

1,5 cl de sirop de praline et cannelle **1.**

1 trait de sirop de sucre (optionnel, selon vos goûts)

Ici, point de liqueur. Si c'est la saison, prenez des cerises fraîches, mixez-les et ajoutez-les dans votre cocktail. Si vos intestins sont fragiles, filtrez-les dans un sac en tissu en prenant soin de bien faire sortir l'intégralité du jus des fruits. Pour la framboise, vous pouvez simplement l'écraser au fond du verre à l'aide d'un pilon. Si ce n'est pas la saison, autorisez-vous à sortir la confiture ou la purée de fruits.

Compte tenu de l'acidité et du taux de sucre qui diffèrent selon les ingrédients et la méthode que vous choisirez, je vous suggère de garder près de vous un petit sirop de sucre maison (50/50), afin de pouvoir ajuster à convenance.

1. Préparation
pour le sirop de praline et cannelle

50 g de pralines

70 g d'eau

1 bâton de cannelle

Instructions

- Pour le sirop de praline et cannelle, concasser les pralines dans une casserole, ajouter un bâton de cannelle et compléter avec l'eau.
- Faire bouillir le mélange, puis couper le feu et laisser refroidir.
  Filtrer, puis conserver au réfrigérateur ; le sirop se conserve deux semaines.
- Faire infuser le thé rooibos dans l'eau bouillante.
- Prélever 6 cl de la préparation et verser dans un verre de type tumbler.
- Ajouter le sucre dans le thé chaud, puis les autres ingrédients, puis des glaçons et mélanger 15 secondes à la cuillère.
- Servir dans un verre.

1. 3 cl si vous optez pour la confiture de citron jaune.

Le Sofitel Vieux Port

SIROTEZ UN DANTÈS SUR LE TOIT DE MARSEILLE

Peu de bars d'hôtels cinq étoiles peuvent s'enorgueillir d'être à ce point devenu une institution pour la clientèle locale. Le Dantès Skylounge vous offrira donc une vue imprenable sur la cité phocéenne, une carte de cocktails créations locale et inventive, et l'opportunité de frayer avec des Marseillais en goguette.

Ces dernières années, Marseille s'est imposée comme une destination touristique incontournable en Méditerranée. Ouverture du Mucem, création d'un quartier d'affaires, rénovation des quais… L'offre d'hôtels haut de gamme n'est pas étrangère à cette montée en puissance, notamment grâce au groupe Accor qui y possède le *Novotel*, et le *Sofitel*. Ce dernier se trouve à quelques encablures du Vieux Port, le centre névralgique de la cité phocéenne.

La décoration intérieure signée par Marc Hertrich et Nicolas Adnet fait la part belle au thème marin.

L'offre gastronomique se décline en plusieurs lieux. *AuxTrois Forts* (situé sur le toit), le chef Sylvain Touati vous propose une cuisine locale, de saison, entre terre et mer. Le meilleur de l'art de vivre à la française, avec une touche méditerranéenne. La brasserie *Le Carré* se signale par sa belle terrasse donnant sur le port, où le même chef Sylvain Touati interprète cette fois les grands classiques de la gastronomie marseillaise et provençale (bouillabaisse, panisses…).

UNE *SUCCESS STORY* MARSEILLAISE

Mais ici, c'est surtout le bar du dernier étage, le *Dantès Skylounge* (du nom du héros du Comte de Monte-Cristo) qui nous intéresse. Avec ses 150 m^2 de toit terrasse (eh oui, c'est le mot français pour rooftop !) et quelques 90 places assises, il offre une vue imprenable à 360° (du Mucem à la Bonne Mère). C'est l'endroit idéal pour profiter d'une offre de snacking aux petits oignons et pour déguster un cocktail bien sûr !

Aux commandes du *Dantès*, Frank Garcia nous explique que le succès de son bar est dû à la clientèle de l'hôtel, mais aussi, et surtout, à la clientèle marseillaise. Et que c'est l'osmose entre ces deux types de population qui fait que l'ambiance y est si particulière. Son succès s'explique aussi par sa volonté de sortir du sempiternel pastis (il y en a aussi à la carte), tout en conservant une touche locale.

C'est ainsi qu'il a noué un partenariat avec la distillerie de Guillaume Ferroni à Aubagne et mis en valeur ses créations, notamment ses rhums. Les deux compères ont aussi développé conjointement un gin au pollen, spécifiquement pour le *Dantès*. Enfin, le succès du *Dantès* peut se lire à l'aune de l'appétit de sa clientèle pour ses créations, plutôt que pour les recettes classiques. Un indice, s'il en est, de la qualité du bar.

FRANK GARCIA

CHEF BARMAN

CAROLINE COZZOLINO, MAXIME BLACHE, LUDOVIC PIAUX ET VALENTIN MERLIN

L'ÉQUIPE DU *DANTÈS*

“

Comment est élaborée votre carte de cocktails ?

Pour élaborer la carte, l'équipe fonctionne comme un vrai labo : Ludovic est le créateur des matières premières en imaginant les sirops, les purées, les eaux aromatisées… Valentin quant à lui n'hésite pas à sortir de sa zone de confort et opte pour les idées les plus folles ! Caroline incarne l'esprit novateur, toujours en quête de nouvelles voies pour imaginer des créations originales et étonnantes. Quant à Max, c'est un testeur hors pair, il goûte, conseille, oriente et réajuste pour obtenir un cocktail équilibré. Ensemble, ils forment une vraie équipe de choc, où chacun apporte fièrement sa contribution à la conception de cocktails pour la carte.

Aviez-vous déjà travaillé dans la restauration ?

L'équipe est composée de barmen passionnés par la mixologie depuis le début : les expériences dans les restaurants, très peu pour eux. Le bar s'est imposé comme une évidence : Caroline, Maxime, Ludo et Valentin ont fréquenté des bars à cocktails au sein de maisons de renoms telles que le *Carlton* à Cannes ou le *Majestic* à Nice.

Avez-vous déjà eu des expériences dans un bar de rue ?

Le bar de rue est un passage obligatoire dans l'apprentissage de la mixologie. Caroline, Maxime, Ludo et Valentin ont tous eu une expérience dans ce type d'établissements, afin de découvrir le côté « artisanal » du métier.

Qu'aimez-vous dans les cocktails ?

L'équipe du bar aime avoir carte blanche pour leur créativité. Avec la mixologie, ils peuvent tester, faire évoluer, ajouter, retirer, accentuer, se challenger, et cela à l'infini. Ils jouent avec les arômes, les textures, les parfums, les apparences et font appel ainsi à leurs cinq sens. Réel pont entre l'univers de la cuisine et du bar, la création de cocktails leur permet d'être « touche-à-tout » et de travailler ainsi en équipe, et plus largement avec la cuisine et la salle.

Pourquoi avez-vous voulu travailler dans un hôtel de luxe ?

Ayant tous la volonté de travailler dans un bar dédié aux cocktails, le luxe s'est vite présenté à eux comme une évidence. En effet, au-delà d'être un domaine très enrichissant, il leur permet au quotidien d'exprimer leur créativité et de pousser le curseur de l'excellence.

Parlez-nous de votre bar. Comment le décririez-vous ?

Bien sûr, lorsque l'on évoque le *Dantès Skylounge*, nous pensons immédiatement à son extraordinaire panorama plongeant les clients dans les 2 600 ans d'histoire qui se dressent face à eux. Au-delà de la vue, il est avant tout un bar marseillais, imprégné de l'atmosphère locale, bien avant d'être associé à un établissement hôtelier de luxe. La clientèle est principalement composée de Marseillais, ce qui résulte d'une intention de l'équipe dès le départ : attirer les habitants de la ville dans un hôtel de luxe.

Comment décririez-vous la clientèle ?

Il est difficile de trouver un qualificatif qui convienne à tous les clients, ils sont si diversifiés ! Et puis, la fréquentation change tout le temps, surtout selon les heures. Mais c'est justement cela qui est génial : on est toujours mis au défi de s'adapter au mieux à cette clientèle variée et de répondre à toutes sortes de demandes spéciales.

Quels sont les cocktails les plus consommés par les clients ?

Même si certains restent fidèles aux classiques comme le Mojito et la Caïpirinha, l'équipe du bar les invite généralement à goûter les cocktails signature pour leur faire découvrir l'univers de la mixologie. Les clients finissent souvent par les apprécier et les commandent de nouveau lors de leur visite suivante.

Quelqu'un que vous avez eu le plaisir de servir ?

L'équipe du bar a eu le plaisir d'accueillir plusieurs célébrités qui se sont révélées aussi charmantes en personne que sur nos écrans. Dans l'ambiance décontractée du *Dantès*, toute l'équipe a l'opportunité d'échanger plus librement avec ces personnalités, tissant ainsi des liens plus étroits et conviviaux. Cette proximité avec les célébrités réserve souvent des anecdotes amusantes et inattendues. Il arrive parfois que certaines d'entre elles proposent de sortir faire la fête avec l'équipe après leur visite, d'autres doivent encore rembourser des paquets de cigarette !

La demande la plus folle ?

Un client a demandé à faire livrer, en avion pour le lendemain, un magnum de Louis XIII, d'une valeur de plus de 6 000 euros. Moins folle mais plus courante : une Caïpirinha sans alcool !

Quel est votre alcool préféré ?

L'équipe apprécie énormément travailler avec le gin pour son élégance, sa fraîcheur, sa légèreté et ses arômes raffinés, qui confèrent aux cocktails une touche délicieusement rafraîchissante. La tequila est également très appréciée pour sa puissance et la dimension qu'elle apporte à leurs créations. De plus, l'équipe a développé un réel engouement pour le Pisco, un alcool fort qui se marie parfaitement avec ses recettes.

Votre ingrédient magique ?

Notre arme secrète ? Un zeste d'herbes fraîches, de la liqueur de citron vert et beaucoup d'amour !

Quelle est votre définition d'un bon cocktail ?

Un cocktail réussi, c'est un cocktail apprécié par le client ! Après tout, c'est son plaisir et sa satisfaction qui sont au cœur du métier.

Le cocktail le plus emblématique qui représente votre établissement ?

Sans aucun doute, Le Dantès. Un cocktail qui fonctionne depuis 10 ans grâce à sa recette unique et qui surprend chaque client venant faire escale à Marseille. Nous avons souhaité travailler avec un alcool changeant du classique pastis, et pas n'importe lequel : le rhum de la Maison Ferroni. Cette institution située à quelques kilomètres de l'hôtel travaille ses produits avec passion. Dans la recette du cocktail Le Dantès, nous faisons ressortir les plus belles notes de leur rhum si spécifique vieilli à travers un assemblage de rhums venant de Guyane, de l'Île Maurice et de Trinidad dans un fût de Rasteau, le vin doux naturel provençal. Cela offre ainsi le meilleur des îles allié au meilleur de la Provence.

Le nom du cocktail s'inspire des origines familiales d'Alexandre Dumas : l'île de Saint-Domingue et du Comte de Monte Cristo. C'est également un clin d'œil à la cité phocéenne de l'époque où l'on stockait le rhum au XIXe siècle. »

LE DANTÈS

PAR FRANK GARCIA

Ingrédients
pour un cocktail

3 framboises fraîches

4 cl de jus d'orange

1 cl de miel d'agave

1 cl de coulis de passion

1,5 cl de liqueur de grenade

4 cl de rhum Ferroni

5 glaçons

1 zeste d'orange

Poudre de framboises déshydratées

Une sorte de joli planteur qui nécessite de bien choisir son rhum, ici, je l'imagine de Barbade, suffisamment présent mais qui saura laisser la place aux fruits employés. Un cocktail avec suffisamment de structure pour vous rappeler qu'il ne s'agit pas d'un jus multivitaminé.

Instructions

- Dans un shaker, mélanger tous les ingrédients.
- Filtrer avec une passoire et servir dans un verre à cocktail.
- Décorer d'un zeste d'orange et de poudre de framboises déshydratées
- Ajoutez le logo *Sofitel* en sucre (optionnel si fait à la maison !)

LE CONCENTRÉ

RECETTE REVISITÉE DU DANTÈS

Par Baptiste Bochet

Ingrédients

pour un cocktail

4 cl de calvados[1]

1,5 cl de liqueur de pêche[2]

2 cl de jus de citron jaune

0,75cl de sirop de sucre simple

5 gouttes d'absinthe (optionnel) [3]

La gourmandise est un vilain défaut mais ce ne sont pas les cinq gouttes d'absinthe (optionnelles de surcroît) qui vous feront basculer du côté de la folie ou de la colère. Bien au contraire, elles donneront l'impression de croquer dans un fruit défendu tant elles apportent définition et précision aromatique à la pêche et à la pomme du jeune calvados. Un cocktail fruité et très facile à boire.

Instructions

- Assembler tous les ingrédients dans un shaker et ajouter des glaçons.
- Secouer pendant 15 secondes, puis servir dans une coupe à cocktail.

Astuce

Si vous remplacez la liqueur de pêche par la liqueur de grenade employée dans le cocktail Dantès, vous obtiendrez *presque* un Jack Rose, cocktail historique qui emploie du sirop de grenade.

1. Il vous faut un calvados vif et sur le fruit.
2. J'aime particulièrement celle de Nusbaumer.
3. J'aime Aymonier et la « Sans Frontières » ira très bien dans ce cocktail.

Les Airelles Courchevel

UN *1805* FACE AUX PISTES ENNEIGÉES

Direction les Alpes françaises, plus précisément la très chic station de ski de Courchevel. *Les Airelles* ont reçu la prestigieuse distinction « Palace de Montagne », et vous permettra de passer vos vacances d'hiver dans un véritable cocon entouré de forêts d'altitude et de cimes enneigées.

Côté gastronomie, le choix est vaste, puisqu'on y retrouve la trattoria le *Palladio* (l'Italie est toute proche), *la Table des Airelles* (cuisine française), le *Coin Savoyard* (spécialités du cru), la *Table des Grands Crus* (espace spécialisé dans les accords mets et vins), ou encore le *Restaurant des pistes*.

Pour les amateurs de cigares, il y a un fumoir. Le bar est un véritable écrin où il fait bon déguster un cocktail après une dure journée à dévaler les pentes enneigées, au coin du feu et accompagné de musique live. La carte fait la part belle aux classiques, revisités ou non, et compte aussi de belles créations comme le *1850* ou *le Airelles Old-Fashioned*, un mix de tequila, mezcal, sirop de sucre de canne et zestes d'orange.

« *Les Airelles* ont reçu la prestigieuse distinction "Palace de Montagne". »

LE PISCO MAESTRO

RECETTE REVISITÉE DU AIRELLES COURCHEVEL

Par Baptiste Bochet

Ingrédients
pour un cocktail

4 cl de pisco

4 cl de jus de litchi, 100 % pur jus

1 cl de jus de citron vert frais
0,5 cl de sirop de verveine **1.**

Fraîcheur et fruité exotique, tout ce qu'on aime, une sorte d'anomalie bleue au milieu des pistes de Courchevel où on s'attend davantage au gourmand et au revigorant. Chaque ingrédient sublime l'autre dans une très belle expression fruitée et florale qui ne donne pas plus de cinq secondes d'espérance de vie à ce cocktail.

1. Ingrédients
pour la préparation

100 g d'eau

100 g de sucre

3 g de verveine séchée

Préparation

- Porter à ébullition, et ajouter la verveine séchée.
- Laisser infuser 6 minutes.
- Filtrer, laisser refroidir et conserver au réfrigérateur.

Instructions

- Directement au shaker, assembler tous les ingrédients sur glaçons.
- Secouer pendant 10 secondes, puis servir dans un tumbler rempli de nouveaux glaçons.
- Garnir d'une feuille de verveine.

Astuce

Le pisco est un alcool de vin chilien ou péruvien. Les cépages employés et le terroir diffèrent de nos fameux cognac et armagnac. Il est également souvent consommé non vieilli et en cocktail. Il apporte souvent un côté floral très opulent au cocktail.
Pour le jus de litchi, si vous ne trouvez rien d'acceptable, vous pouvez le remplacer par 2 cl de liqueur de fleur de sureau. Vous aurez un cocktail plus alcoolisé et moins rafraîchissant, mais tout aussi délicieux.

Le Negresco

RENDEZ HOMMAGE À MADAME AUGIER

Le Negresco *est un des derniers grands hôtels français restés indépendants. C'est aussi une institution de la Riviera qui a su traverser les époques et devenir un haut lieu du savoir-vivre et de l'art, avec ses plus de 6 000 œuvres et pièces d'artisanat.*

Le *Negresco* est une institution niçoise depuis 1913, année où il fut inauguré par son créateur Henri Negrescu. De cette époque où la jet-set régnait sur la French Riviera, il subsiste de nombreux éléments architecturaux, dont plusieurs ont été classés à l'inventaire des monuments historiques. Songeons notamment à ses façades néo-baroques et à la toiture de l'ensemble des bâtiments donnant sur les quatre rues, ainsi que le grand hall central dit « salon royal », avec sa verrière d'Édouard-Jean Niermans. En 1957, l'hôtel, racheté par le père de Jeanne Augier, devient un havre de paix pour artistes et célébrités (Dali, les Beatles, Elton John…).

Le *Negresco* se dote au fur et à mesure de milliers d'œuvres d'art et de pièces d'artisanat d'art (au moins 6 000 !). Madame Augier reste à la barre de cet hôtel devenu mythique jusqu'en 2019. Depuis, il est détenu par le Fonds de Dotation Mesnage-Augier-*Negresco* (FDMAN). Le FDMAN a pour mission d'aider les personnes en détresse, d'améliorer la condition de vie des personnes en situation de handicap, de soulager la misère animale et, enfin, de participer activement à la préservation culturelle en France. Il s'agit donc d'un des derniers hôtels de luxe français indépendant, non accolé à un grand groupe international.

NEGRESCO

UNE RESTAURATION ÉTOILÉE

Le *Chantecler* (étoilé au guide Michelin) revisite habilement les codes de la grande gastronomie en leur accordant légèreté et sincérité. Il rend hommage aux produits de la région. Le service à table est également réputé. Discret, il sait aussi se donner en spectacle lors du flambage ou du découpage en salle dans la grande tradition des bonnes tables. Avec ses somptueuses boiseries réalisées en 1751, *Le Chantecler* offre un décor XVIIIe à la fois délicat et fastueux pour dîners d'exception.

Dans ses tons or et blanc, *La Rotonde* est l'expression même de la Riviera, chic et décontractée. Cette grande brasserie est une véritable institution chère au cœur des Niçois. Sa parure conserve l'ambiance chaleureuse de son décor Carroussel originel, avec une petite note « glamour » très *Le Negresco*.

Avec ses boiseries authentiques de 1913 en noyer et son exceptionnelle tapisserie de 1683, le bar historique est un lieu de dégustation feutré. Le soir venu, il vit au rythme des accords de jazz, pop et soul. Il fait partie de ces lieux où la discrétion est de mise et l'élégance une seconde nature. Côté promenade des Anglais, la magnifique terrasse du bar *Le Versailles* lovée sous les palmiers célèbre les plaisirs de la vie : champagnes audacieux, cocktails inspirés ou savoureuses assiettes à partager, tout a été pensé pour passer un moment en tous points délicieux, porté par le charme de la Riviera.

BENJAMIN LARBI

CHEF BARMAN DU *NEGRESCO*

"

Aviez-vous une expérience en restauration avant ?

Cela fait maintenant 14 ans que je travaille dans le milieu du bar.

Aviez-vous eu une expérience des bars classiques ?

Non. Ma première expérience fut londonienne, dans un *member's club*. Par la suite, j'ai orienté ma carrière professionnelle vers l'hôtellerie de luxe et une clientèle internationale. Ce qui m'a permis d'expérimenter des cocktails variés et d'accéder à des concepts très différents. J'ai travaillé à Saint-Barthélemy, à Courchevel, à Saint-Tropez et, maintenant, je suis dans l'emblématique hôtel *Le Negresco* à Nice.
Le *Negresco* est un des derniers hôtels de luxe français indépendants, toujours à l'écoute des tendances et de l'innovation. C'est une expérience sensorielle unique, avec une collection de plus de 6 000 œuvres d'art représentant les grandes périodes de l'histoire de l'art français, de Louis XIII à nos jours.

Qu'est-ce qui vous plaît dans les cocktails ?

Ce que j'aime, c'est le plaisir de créer des saveurs toujours différentes et des cocktails personnalisés sur l'instant présent. Recevoir les remerciements du client pour lui avoir procuré un moment inoubliable est un sentiment simplement exceptionnel.

Pourquoi avoir postulé dans un hôtel de luxe ?

Travailler au sein d'un hôtel de luxe offre la possibilité d'échanger avec une clientèle épicurienne, qui voyage tout au long de l'année, et que nous devons réussir à surprendre à chaque instant. C'est un vrai challenge au quotidien.

Selon vous, quelle est la différence la plus frappante entre un bar à cocktails classique et un bar de palace ?

Ce qui diffère, c'est l'accueil, le service, l'offre et la bienveillance des hôtes. Ce sont les ingrédients magiques pour une expérience exceptionnelle. Il faut une grande connaissance du bar et une réelle maîtrise des différentes associations des produits ; il faut également nourrir sa créativité afin de proposer l'inattendu, l'excellence ! Un barman de palace doit être à la fois mixologue, barista, limonadier, chef de rang, et posséder des notions de sommellerie pour répondre à toutes les attentes possibles. Sans oublier la bienveillance et la cohésion d'équipe.

Comment décririez-vous la clientèle ?

Notre clientèle est éclectique. Nos hôtes représentent généralement une clientèle de luxe internationale. Nous avons également des touristes de passage dans la région qui souhaitent vivre l'expérience de l'hôtel Le *Negresco* et savourer un cocktail dans un de nos bars : *Le Versailles*, sous le portrait de Louis XIV, ou *Le 1913*, qui est le bar d'origine de la création de l'hôtel en 1913, décoré de boiseries en noyer de style anglais du début du XXe siècle.

Quels sont les cocktails les plus consommés par les clients ?

Les cocktails les plus appréciés par nos clients sont nos créations. Ils adorent découvrir et s'aventurer dans notre carte signature. Cette carte, nous la réécrivons chaque année au même titre que nous écrivons une nouvelle page de la maison *Le Negresco*, avec de toutes nouvelles créations, tout en conservant les grands classiques.

Quelle est la répartition entre cocktails classiques et créations ?

70 % de créations et 30 % de classiques.

Y a-t-il dans votre établissement des synergies avec la partie restaurant et sommellerie ?

Nous œuvrons pour une très grande synergie entre la restauration et la sommellerie. Notre cheffe exécutive, Virginie Basselot (Meilleur Ouvrier de France), souhaite notamment des accords cocktails/plats pour le restaurant étoilé au *Guide Michelin Le Chantecler,* afin de proposer une expérience différente à nos hôtes. Nous avons également dans notre brasserie contemporaine *La Rotonde* une proposition de cocktails. Nous échangeons, partageons également avec Robin Salvatori, notre chef sommelier, les requêtes de nos hôtes. Aussi bien en termes de vins au verre à la carte des bars que de spiritueux à l'apéritif, de digestifs ou à l'occasion d'événements privés.

Quel est votre alcool préféré ?

Les amers.

Votre ingrédient magique ?

Le gingembre ! J'adore tellement cet ingrédient que je pourrais en mettre dans tous mes cocktails.

Y a-t-il quelqu'un que vous avez particulièrement eu le plaisir de servir ?

J'ai eu la chance et le bonheur de servir de très grandes célébrités. C'est notamment la particularité des établissements de luxe et nous nous devons de rester discrets. Mais je peux vous raconter cette anecdote : lors de mon premier shift en tant que barman à Londres, j'ai passé ma soirée à faire des Expressos Martini pour une célèbre star américaine. Durant cette soirée, « un jeu de surenchère » concernant le nombre d'Expressos Martini, a eu lieu avec son voisin installé au comptoir du bar. La célèbre star américaine m'a commandé 17 Expressos Martini, lui permettant de remporter ce jeu. J'ai dû ajouter à sa note les 16 autres Expressos Martini de son voisin. Cela a fait grandement plaisir aux autres clients présents ce soir-là au bar.

La demande la plus farfelue ?

Il y en a eu vraiment plusieurs, mais la plus amusante était une Virgin Frozen Margarita à Saint-Barthélemy. »

LE DEEP RED

PAR BENJAMIN LARBI

Ingrédients
pour un cocktail

5 cl de 1800 Tequila

1,75 cl de Shrubb
à la framboise fait avec
du vinaigre de vin

4,25 cl de vermouth rouge

3 c. à soupe d'émulsion
d'hibiscus **1.**

1. Préparation
pour l'émulsion d'hibiscus

10 g d'hibiscus séché

50 cl d'eau

1,5 g de lécithine de soja,

La carte de cocktails du Negresco, *« Pop Art », est un clin d'œil aux années 1950-60 et indirectement, à madame Augier. Une très belle composition qui opte pour les notes tanniques et terreuses avec comme trame de fond un joli fruité noir apporté par la framboise. On sublimera le tout par de belles notes vineuses et épicées qui renforceront la structure du cocktail.*

1. Instructions pour l'émulsion d'hibiscus

- Infuser 10 g d'hibiscus séché dans 50 cl d'eau durant 12 minutes.
- Puis ajouter et mélanger 1,5 g de lécithine de soja, puis laisser refroidir. L'émulsion est faite minute avec un mousseur.

Instructions pour le cocktail

- Pour le cocktail, refroidir le verre.
- Verser dans le shaker et shaker tous ingrédients, sauf l'émulsion d'hibiscus.
- Changer les glaçons du verre, puis verser la préparation en double filtrant pour s'assurer qu'aucune micro-brisure de glace ne tombe dans le cocktail.
- Finir en disposant l'émulsion d'hibiscus sur le dessus du cocktail.
- Mettre une paille selon les envies.

LE ROJO ES MUERTO

RECETTE REVISITÉE DU DEEP RED

Par Baptiste Bochet

Ingrédients
pour un cocktail

5 cl de Tequila[1]

4 cl de vermouth rouge

½ blanc d'œuf

1,5 cl d'infusion d'hibiscus faite à partir d'une fleur d'hibiscus

1,5 cl de shrubb **1.**
ou
1,5 cl de crème de framboise

1 c. à café de vinaigre de vin[2]

1. Préparation
pour le shrubb

1/3 de sucre

1/3 de fruits
(au choix, ici de la framboise)

1/3 de vinaigre

1. tequila 100 % agave : Tapatio, Cimarron, Don Fulano blanco ou l'excellente Calle 23 de Sophie Decobecq ; une tequila vieillie de qualité peut aussi faire l'affaire.
2. pour le côté vif et acidulé ou d'un bon vinaigre balsamique qui ira dans le sens de la structure compotée

Same but different. *Avec toutefois la possibilité d'utiliser le blanc d'œuf qui va renforcer la sensation tannique et sensation d'âpreté laissée par le shrub. N'hésitez pas à apporter une pointe de sirop de sucre en cours de dégustation afin de voir le cocktail évoluer en arômes. Nul doute que derrière ce mur de ténèbres se cache un joli fruit qui saura vous séduire.*

Instructions

Pour le shrubb :

- Préparez un mélange avec 1/3 de sucre, 1/3 de fruit et 1/3 de vinaigre (à ajuster en fonction du pH du vinaigre, de la maturité des fruits et de leur taux de sucre : ce qui prime, c'est votre goût).
- Laissez macérer plusieurs jours.

Pour le cocktail :

- Faites infuser la fleur d'hibiscus dans 5 cl d'eau bouillante et laissez refroidir.
- Placez l'infusion d'hibiscus dans un shaker avec tous les autres ingrédients.
- Effectuez un « dry shake » afin d'émulsifier le blanc d'œuf : fermez votre shaker sans y mettre de glaçons, puis tenez-le fermement et secouez 10 secondes. Cette étape permet de s'approcher de l'effet émulsion d'hibiscus.
- Ouvrez ensuite le shaker, ajoutez les glaçons, secouez 10 secondes à nouveau.
- Servez dans une coupette cocktail et décorez d'une fleur d'hibiscus ou d'une framboise si c'est la saison.

Alternative

- Remplacer le schrubb à la framboise par de la crème de framboise et du vinaigre à ajouter dans le shaker selon vos goûts.

Le Maybourne Riviera

UN LEMON PIE SUR LA CÔTE D'AZUR

Cet hôtel spectaculaire par son positionnement à flanc de falaise et sa vue sur l'azur méditerranéen est devenu en très peu de temps un lieu incontournable des aficionados de la French Riviera. Et l'offre de cocktails locaux et de saison de Julien Lecharpentier n'y est pas pour rien.

C'est peu dire que le *Maybourne Riviera* en met plein la vue. Au sens propre, comme au figuré. Par sa situation, d'abord. Niché sur un rocher surplombant la mythique principauté de Monaco, il fait face à la Mer Méditerranée et à la petite ville provençale de Roquebrune-Cap-Martin. Le « starchitecte » belge Jean-Michel Wilmotte (notamment connu pour avoir réalisé les chais de grands crus du Bordelais ou de la Champagne comme Cos d'Estournel ou Laurent Perrier) a donné au bâtiment la classe d'un vaisseau aux lignes épurées et blanches qui donnerait l'impression de voguer sur les flots (l'aile Crystal), tout en étant enraciné dans la terre provençale avec son aile creusée dans la roche (l'aile Azur). Par son design intérieur, enfin, fruit de l'osmose entre des artistes et designers comme Bryan O'Sullivan, André Fu, le studio londonien Rigby & Rigby, le franco-argentin Marcelo Joulia ou la Britannique Michelle Wu.

DEUX ÉTOILÉS À DOMICILE

Parmis les six restaurants et bars de l'hôtel, deux sont dirigés par des chefs étoilés. Ainsi le chef italo-argentin Mauro Colagreco vous attend au *Riviera* avec une cuisine locale revisitée, notamment une tarte tropézienne réinterprétée par le chef pâtissier Benoît Dutreige. Mais aussi au *Ceto*, le restaurant dédié à l'univers de la mer, dont la carte évolue au rythme des saisons et de la cave à maturation, la première dédiée au poisson en France, intensifiant l'umami, les saveurs et les textures. Tandis que la table du chef alsacien Jean-Georges Vongerichten propose des plats italiens pour séduire les amateurs de soleil.

UN MAÎTRE HERBORISTE POUR MIXOLOGUE

Comment ne pas évoquer également le bar *Le 300* où vous pourrez siroter une création du mixologue et véritable herboriste Julien Lecharpentier. Aimant travailler toutes sortes de matières premières de qualité étonnante et très végétales (jusqu'à la pulpe, la peau, les pépins), ce passionné aborde la création de cocktail avec une approche presque scientifique, élaborant les prémices chez lui, comme dans un laboratoire végétal, avant de partager ses découvertes avec ses équipes du bar. Julien est aussi très attentif au fait de travailler en priorité des produits locaux (bassin méditerranéen) et de saison. Au *300*, vous serez bluffé tant par la carte et le contenu de vos verres que par la vue à couper le souffle. Demandez-lui ou à ses équipiers de vous concocter un Lemon Pie !

JULIEN LECHARPENTIER

CHEF BARMAN DU BAR LE *300*

«

Aviez-vous une expérience en restauration avant ?

J'ai commencé la restauration à l'âge de 21 ans, en parallèle de mes études à la fac de sciences. À la base, le but était de gagner un peu d'argent sur la saison estivale pour subvenir à mes besoins sur le campus le reste de l'année. Ma dernière expérience en restauration avant le *Maybourne Riviera* est le *Grand-Hôtel* du Cap-Ferrat où j'ai officié en tant que barman durant trois ans.

Aviez-vous une expérience des bars ?

Je n'ai jamais eu d'expérience de ce type avant, j'ai toujours travaillé dans le domaine de l'hôtellerie de luxe.

Qu'est-ce qui vous plaît dans les cocktails ?

Ce qui me plaît dans les cocktails, c'est la liberté de créativité et d'expression que nous pouvons avoir, ainsi que l'émotion que nous pouvons faire passer à travers une boisson. Nous mettons l'accent sur la création de cocktails au *300*. Nous voulons faire vivre une expérience unique à travers un verre, qu'elle soit visuelle, olfactive ou gustative.

Pourquoi avoir postulé dans un hôtel de luxe ?

Quand j'ai commencé mes études en hôtellerie et restauration, j'étais déjà fasciné par l'univers du bar depuis un court séjour à Londres avec mon école en 2017, où je suis tombé sur un bar extrêmement réputé à l'époque, *Le Nightjar*. Je me souviens encore de chaque détail comme si c'était hier. Je vois encore le sourire de mes camarades satisfaits de leur boisson, du service et de l'ambiance du lieu. Il n'y avait pas d'équivalent sur la Côte d'Azur. J'étais extrêmement attentif au travail d'un des premiers barmen Meilleurs Ouvriers de France, Maxime Hoert, qui officiait au Ritz à l'époque. Je me suis dit que la meilleure école pour offrir à mes clients un service de qualité, avoir l'œil sur chaque détail et apporter une expérience au client, était donc l'univers de l'hôtellerie de luxe.

Comment décririez-vous la clientèle ?

La clientèle au sein de l'hôtel est extrêmement variée, mais elle change en fonction des saisons. Les saisons de l'automne et de l'hiver sont basées énormément sur une clientèle locale curieuse de venir voir ce qu'est devenu

Le Vista Palace, ainsi que sur nos fidèles. Le printemps et l'été sont plus basés sur une clientèle internationale qui veut vivre une expérience inoubliable sur la *French Riviera*. Depuis notre premier menu conceptuel de bar lancé en avril 2022, les clients sont extrêmement attentifs aux changements de cocktails sur la carte, sont réceptifs à nos différentes thématiques et n'hésitent pas à revenir régulièrement pour goûter l'intégralité du menu.

Quels sont les cocktails les plus consommés par les clients ?

En termes de classiques, je dirais le Negroni et le Pornstar Martini, le premier étant un cocktail *short drink* apéritif pour les amateurs d'amertume, le second un cocktail *all day* très populaire en ce moment, à base de fruit de la passion et de vanille.
En termes de créations, je dirai le Lemon Pie, notre cocktail signature, une Tequila Sour en plusieurs textures revisitées et travaillées avec l'intégralité de l'agrume phare de Menton, le citron.

Quelle est la répartition entre les cocktails classiques et les créations ?

Le but du *300* est de faire redécouvrir des grands classiques du monde du cocktail, *via* des produits locaux ; nous essayons d'adopter une démarche responsable dans notre façon de créer, en apportant toujours une touche méditerranéenne. Nous aimons refaire découvrir des cocktails populaires avec une vision plus moderne, minimaliste et locale, comme notre version du Pornstar Martini revisité sans fruit de la passion, mais avec du poivre passion et de la mandarine, un Bloody Mary retravaillé sur une eau de tomate et de la baie de verveine, ou encore notre Hugo Spritz basé sur un vin de pêche de Provence et un soda au géranium. Notre chiffre d'affaires est basé essentiellement sur les cocktails signature, mais les classiques font aussi bien partie de notre quotidien ; nous nous devons de les réaliser le mieux possible pour notre clientèle.

Quel est votre alcool préféré ?

Cette question est extrêmement difficile, mais je suis particulièrement fan d'amers, mon coup de cœur du moment est l'amaro Braulio, un amer crée dans la Valteline, une région italienne limitrophe de la Suisse, travaillé avec des produits alpins.

Quel est votre ingrédient magique ?

L'ingrédient magique que j'aime travailler est la feuille d'arbre fruitier, qui apporte énormément de complexité à nos cocktails, comme la feuille de citronnier et la feuille de figuier. Passionné par les plantes et ayant fait mes études dans un lycée horticole, j'ai une approche très botanique des créations du *300*.

Une anecdote fun, une idole servie ?

Passionné par le monde du bar, j'ai eu la chance de service quelques idoles de l'industrie comme Simone Caporale (copropriétaire du *Sips* à Barcelone), Agostino Perrone (directeur de la mixologie du *Connaught Bar*, à Londres) ou encore Domenico Carella (copropriétaire du *Carico*, à Milan). En termes d'anecdote fun, je citerai une cliente habituée qui est partie du bar en laissant ses extensions capillaires accrochées à la chaise du bar… Il fut assez drôle et délicat en même temps de lui annoncer qu'elle était partie sans ses cheveux.

Une demande farfelue ?

Un kir sans alcool. »

LE LEMON PIE

PAR JULIEN LECHARPENTIER

Une tarte au citron méditerranéenne où la présence de l'agrume va être renforcée par le côté profond de la tequila. Tous les agrumes employés apportent une profondeur qui sera entrecoupée de l'espuma floral et lacté. Découpez les actes et scènes comme vous l'entendez. Metteur en scène de cocktail, un métier en devenir ?

Ingrédients

4 cl de tequila infusée
à la feuille de citronnier

3 cl de Cedracello à la vanille

1,5 cl d'Italicus Rosolio di Bergamotto

2 cl de jus de citron jaune

Yaourt grec

Miel de fleurs

Eau de fleur d'oranger

Liqueur Mastiha Skinos

Instructions

- Réaliser un espuma avec le yaourt grec, le miel de fleurs, la liqueur de Mastiha Skinos et l'eau de fleur d'oranger.
- Secouer le reste des ingrédients au shaker, puis verser dans un verre à eau de la collection Savage de Nude.
- Ajouter, au-dessus du verre, 60 g d'espuma.
- Décorer avec un zeste de citron jaune et un de bergamote.

LE C'EST PAS DE LA TARTE

RECETTE REVISITÉE DU LEMON PIE

Par Baptiste Bochet

Ingrédients du cocktail

pour un cocktail

5 cl d'alcool infusé au citron **1.**

1,5 cl de sirop de sucre simple

2 cl de jus de citron

1 blanc d'œuf

1. Ingrédients

pour l'alcool infusé au citron

10 cl de tequila 100 % Agave[1]

1 c. à café d'absinthe
(à défaut, de pastis)

1 citron jaune bio

1 râpe

1. à défaut d'une bonne vodka style Wyborowa ou un bon gin London dry.

Une version simplifiée, conçue pour être dégustée avec une célérité toute autre. Le citron est suffisamment envoûtant pour qu'on lui laisse le premier rôle. Il comptera sur la Tequila qui ne joue toutefois pas ici un rôle de composition ! Car on aime la bonne Tequila, elle apporte structure et élégance. Souvenez-vous, faites simple mais faites bon.

Instructions

1. Pour l'alcool infusé au citron

- Verser l'alcool dans un pot à confiture.
- Râper le citron bio (ou sans traitement après récolte) : les huiles essentielles contenues dans la peau du citron donneront un délicieux parfum à l'alcool.
- Filtrer au bout de 10 minutes.
- En l'absence de râpe, réaliser un oléo-saccharum : le sucre blanc a un pouvoir de capillarité et va absorber les huiles essentielles contenues à la surface de la peau du citron. S'aider éventuellement d'un pilon pour extraire les zestes prélevés ou, sinon, du fond d'un pot pour écraser le zeste dans le sucre. Laisser infuser le zeste écrasé dans le sucre blanc pendant 30 minutes.
- Dissoudre le sucre dans autant d'eau à température ambiante pour en faire un sirop.

Pour le cocktail

- Mettre vos ingrédients dans votre shaker, secouez vigoureusement 20 secondes une première fois sans ajouter de glaçons, afin d'émulsionner le blanc d'œuf.
- Ajouter les glaçons, puis secouer 20 secondes de plus.
- Servir dans une coupette cocktail.
- Décorer éventuellement d'un zeste de citron jaune.

Le Four Seasons Hotel des Bergues Genève

SIROTEZ UN BERGUES 75 SUR LE LAC LÉMAN

Genève est connue pour ses banques, son port franc, son lac, ses chocolats, ses horlogers… mais aussi ses cocktails. Au Bar des Bergues, *bien sûr !*

L'hôtel des Bergues ou *Four Seasons Genève* reçoit des clients venant du monde entier depuis son ouverture en 1834. Depuis lors, il est resté l'adresse préférée du gotha européen, des chefs d'État, ou de tous les voyageurs distingués.

UN BAR AVEC VUE SUR LE LAC LÉMAN

Même si vous n'êtes pas ici pour affaires, tentez de passer une tête dans la spectaculaire salle de bal du premier étage. Elle a accueilli de nombreux sommets internationaux, notamment la première réunion de la Société des Nations (ancêtre de l'ONU) en 1920.

Côté restauration, vous aurez le choix entre une table italo-méditerranéenne étoilée au Michelin *(Il Lago)*, un restaurant branché sur le toit qui sert une cuisine fusion japonaise créative (*Izumi* par Toshikazu Kato), et le *Bar des Bergues* avec son offre de grands classiques et de snacking. Mais le *Bar des Bergues* est aussi réputé pour son affriolante offre de cocktails, qu'on peut siroter tranquillement en terrasse, avec le lac Léman et son fameux jet d'eau à seulement quelques mètres.

FOUR SEASONS HOTEL des Bergues
LES BERGUES

NICOLAS PARLANTI

CHEF BARMAN DU *BAR DES BERGUES*

"

Votre parcours en quelques mots ?

J'ai commencé par voyager beaucoup, car j'étais boxeur professionnel en Muay Thaï, puis j'ai pris goût aux voyages et j'ai cherché un travail qui me permettrait de continuer à visiter le monde. C'est pour cette raison que j'ai choisi l'art de la mixologie. J'ai débuté dans des bars et restaurants de plage à Saint-Martin, dans les Caraïbes, pendant trois saisons, puis j'ai effectué un stage important dans un excellent speakeasy cocktail bar à Marseille, le *Carry Nation* qui a été élu meilleur bar à cocktails de France cette année là. Après cela, je me suis orienté vers des bars à cocktails...

Pourquoi avez-vous voulu travailler dans un hôtel de luxe ?

Car c'était la seule chose que je n'avais jamais tentée et j'ai voulu me lancer un défi avec un nouveau challenge et avoir l'opportunité de travailler des produits nobles.

Parlez-nous de votre bar. Comment le décririez-vous ?

Notre bar est chaleureux et convivial ; il a conservé son caractère classique et son histoire.

Quelle est, selon vous, la différence la plus frappante entre un bar de rue et un bar d'hôtel de luxe ?

La différence la plus frappante entre un bar de rue et un bar d'hôtel de luxe est généralement l'ambiance et l'expérience globale offerte. Les bars à cocktails de rue ont tendance à avoir une atmosphère plus décontractée, parfois bohème, avec un service informel et une décoration plus éclectique. En revanche, les bars d'hôtel de luxe offrent souvent une ambiance sophistiquée et élégante, un service haut de gamme, des cocktails créatifs et une sélection de spiritueux de qualité supérieure, le tout dans un cadre luxueux et raffiné.

Comment décririez-vous la clientèle ?

Bien que nous ayons une forte clientèle locale, nous accueillons aussi des gens du monde entier.

Quels sont les cocktails les plus consommés par les clients ?

Les cocktails classiques comme le Martini, le Negroni et le Old Fashion. Nous proposons également des créations personnalisées pour nos clients et aimons leur faire découvrir des techniques plus modernes telles que la clarification, le fat-wash et l'infusion.

Quelqu'un que vous avez eu le plaisir de servir ? Une anecdote amusante ?

Un acteur très connu dont je ne peux pas dire le nom.

La demande la plus folle ?

Faire un cocktail sans alcool, sans sucre et sans jus de fruit.

Comment est élaborée votre carte de cocktails ?

L'inspiration vient de recettes classiques et anciennes pour rester fidèle à l'identité de notre *Bar des Bergues*, datant de 1834. Ensuite, nous les revisitons en nous inspirant des produits de notre région et de produits méditerranéens en clin d'œil à notre cuisine italienne et à notre restaurant *Il Lago* étoilé Michelin, ainsi que de mes voyages aux quatre coins du monde. Nous travaillons avec de petits producteurs de la région pour créer des produits sur mesure exclusifs, comme notre thé des Bergues. Nous avons sélectionné les saveurs et effectué des tests pour obtenir un résultat surprenant, que nous utilisons également dans nos cocktails signature, sous forme d'infusion et de Cordial maison. Nous proposons pour chaque cocktail signature une technique de confection différente, comme la clarification, le *fat wash*, l'infusion, le soda maison, le cordial ou encore le siphon.

Qu'aimez-vous dans les cocktails ?

J'aime pouvoir travailler mon imagination tous les jours en mélangeant les saveurs.

J'adore aussi avoir la possibilité de simplement demander les goûts d'un client et de pouvoir lui créer un cocktail minute totalement inventé de toutes pièces selon ses goûts, chose que l'on fait souvent au *Bar des Bergues.*

Quel est votre alcool préféré ?

Le rhum.

Votre ingrédient magique ?

J'en ai plusieurs, mais l'hibiscus, le thé thaï ou la sauge sont mes préférés.

Quelle est votre définition d'un bon cocktail ?

Un parfait équilibre entre toutes les saveurs qui sont dans le verre.

Le cocktail le plus emblématique qui représente votre établissement ?

Le cocktail le plus emblématique est le Bergues 75, c'est un twist du classique French 75 créé à Paris en 1915.

Une dernière anecdote ?

Il y a quelques semaines, nous avons retrouvé un ancien livre de cocktails du chef barman des *Bergues*, monsieur Carlo Beltramo, datant de 1924. Ce dernier contient des recettes de cocktails anciens, dont le Cocktail des Bergues, que nous allons recréer en utilisant des bouteilles vintages de l'époque et en le revisitant pour l'adapter au goût du jour pour la nouvelle carte de cet été. Un cocktail revisité en deux versions : l'ancienne et la nouvelle, pile 100 ans après. »

LE BERGUES 75

PAR NICOLAS PARLANTI

Ingrédients
pour un cocktail

4 cl de cognac Martell Swift

5 cl de cordial des Bergues maison[1]

Champagne Vague d'Or[2]

Un mystère suisse qu'on imagine floral, boisé, fruité, léger et pétillant.

Instructions

- Directement au verre à mélange sur glaçons.
- Refroidir pendant une vingtaine de secondes.
- Compléter avec le champagne puis servir dans une grande coupette cocktail.

1. Cordial à base de thé des Bergues, mélange maison que nous réalisons à base de thé vert, rose, jasmin et fleur d'oranger.
2. Confection spéciale champagne des Bergues, créé pour *l'Hôtel des Bergues.*

LE PANAME

RECETTE REVISITÉE DU BERGUES 75

Par Baptiste Bochet

Ingrédients

pour un cocktail

5 cl de gin parisien (Baccae, Distillerie de Paris ou Viaduc)

1,5 cl de sirop de thé vert et pamplemousse maison **1.**

2,5 cl de jus de citron jaune

Après Genève, direction la capitale : Paris ou Paname, pour les intimes. Pas de bulles ici. On s'appuie sur le côté racé du gin parisien pour co-construire aux côtés de l'aromatique du thé vert et du pamplemousse. Un cocktail court, seule solution, les faire les quatre par quatre.

1. Préparation

pour le sirop

- 100 g de sucre blanc
- 100 g d'eau
- Thé vert sencha
- 1 demi-pamplemousse

Instructions

Pour le sirop

- Porter à ébullition le sucre et l'eau. Une fois que le mélange bout, retirer du feu, laisser refroidir 3 minutes, puis ajouter 3 cuillères à café de thé vert sencha. Laisser infuser 3 minutes puis filtrer.
- Lorsque le sirop est à température ambiante, râper la peau d'un demi-pamplemousse non traité et intégrer les zestes au sirop, le but but étant d'y transférer les huiles essentielles. Le mieux est d'utiliser une râpe très fine. Filtrer de nouveau, votre sirop est prêt.

Pour le cocktail

- Assembler tous les ingrédients dans un shaker et ajouter les glaçons.
- Secouer pendant 15 secondes. Servir dans une coupe à cocktail. Prélever un zeste de pamplemousse et le déposer sur le bord du verre.

Le Claridge's

UN CENTRAL DAÏQUIRI CÔTÉ CHIC

Cet imposant immeuble tout en brique se trouve dans le quartier de Mayfair (à l'angle de Brook Street et de Davies Street). Le bâtiment originel, le *Mivart's Hotel* a ouvert ses portes en 1812, avant qu'il ne soit racheté par la famille Claridge déjà propriétaire d'un établissement mitoyen en 1854 (d'où le nom). Depuis, il est un des lieux de villégiature préféré de la haute société britannique (notamment l'aristocratie), mais aussi de la jet-set et des des célébrités en goguette dans la capitale.

C'est très certainement un des hôtels les plus chics (au sens classique du terme) de la planète. La décoration des chambres peut rappeler les traditionnelles maisons anglaises (en plus luxe), verser dans le style art déco, ou aller vers des influences modernes (celles revisitées par Diane von Furstenberg).

L'offre de restauration est pléthorique et le *Claridge's* abrite plusieurs restaurants, salons de thé, ou endroits mythiques (le *Foyer* et la salle de lecture) où se restaurer. Au rez-de-chaussée, Lupo Thoenes, directeur des vins du *Claridge's*, et Radharani Franza veillent sur une incroyable collection de grands crus. L'offre de spiritueux d'exception n'a pas à rougir non plus.

Côté cocktails, vous pouvez en découvrir de délicieux au *Bar* du Claridge's et au magnifique *Fumoir*, en activité depuis 1929.

CLARIDGE'S

LE CENTRAL DAÏQUIRI

RECETTE REVISITÉE DU CLARIDGE'S

Par Baptiste Bochet

Ingrédients
pour un cocktail

4 cl de Rhum Eminente (ou de Navi Cassiopée).

2 cl de jus de citron vert frais

1 cl de pur sirop d'érable

Thé noir Lapsang Souchong

Un hommage à l'Hemingway Daïquiri, créé à la Floridita, à Cuba dans les années 1930. Je pense que le Claridge's *a voulu apporter quelques délicates notes fumées au cocktail, utiliser le thé comme un condiment, dans l'esprit de ce que la liqueur de marasquin apporte à l'Hemingway Daïquiri ou au Frozen Daïquiri. Délicatesse ou intensité, sachez que le* Claridge's *a opté pour la première. On y trouve toutefois la profondeur du sirop d'érable et l'inoubliable fumée du Lapsang Souchong. Suffisamment délicat pour ne pas être écœurant, le rhum viendra sublimer cette trame fumée et caramélisée.*

Préparation

- Deux possibilités :
  - Prélever 10 cl de rhum, et y ajouter une demi-cuillère à café de thé noir Lapsang Souchong. Laisser infuser 2-3 minutes afin de ne récupérer que la fumée et quelques notes de thé sans l'astringence. Filtrer très finement.
  - Faire infuser, pendant 3 minutes, deux cuillères à café de thé noir Lapsang Souchong dans 10 cl d'eau bouillante. Prélever ensuite 0,5 cl à 1 cl du thé et l'ajouter dans le shaker.
- Ajouter tous les ingrédients dans un shaker, avec des glaçons.
- Secouer pendant 10 secondes.
- Servir dans une coupe à cocktail.

Le Shangri-La London The Shard

LA TÊTE DANS LES ÉTOILES, UN REGALIA EN MAIN.

Grâce à sa vue panoramique ahurissante, séjourner dans cet hôtel c'est vraiment vivre une expérience immersive dans le ciel de la capitale britannique. Son bar, le Gong *propose une offre de cocktails créations de haute volée, au 52e étage !*

Situé à cinq minutes de la station London Bridge et des rives de la Tamise, *Shangri-La London – The Shard* (mot qui veut dire « l'éclat » en français) – occupe 18 étages du plus haut immeuble de Londres, et même d'Europe occidentale (près de 310 mètres). Moderne, épurée, avec des touches d'inspiration chinoise, la décoration intérieure est présente sans être envahissante et sert surtout à mettre en valeur l'extérieur, c'est-à-dire le ciel de Londres qui s'invite dans chaque chambre *via* les grandes fenêtres.

« Le *Gong Bar* est l'endroit idéal pour déguster des cocktails au coucher du soleil, avec pour toile de fond l'horizon londonien. »

UNE GASTRONOMIE D'INSPIRATION ASIATIQUE

Au restaurant *Ting* (35ᵉ étage), c'est une cuisine d'inspiration asiatique moderne, préparée à l'aide d'ingrédients locaux et saisonniers, qui vous attend. Le *Sky Lounge* (34ᵉ étage) propose quant à lui un menu de tapas à déguster à toute heure, propose un brunch de luxe le dimanche, et une sélection impressionnante de vins et de spiritueux.

Au *Bar 31*, vous redescendez sur terre, puisqu'il se trouve au rez-de-chaussée. Il propose notamment des bières artisanales locales et des bouchées savoureuses préparées à partir d'ingrédients frais et de saison provenant du Borough Market.

Enfin, au 52ᵉ étage (si vous avez bien compté, c'est le dernier de l'hôtel), le *Gong Bar* est l'endroit idéal pour déguster des cocktails au coucher du soleil et des boissons en fin de soirée, avec pour toile de fond l'horizon londonien. Vous y découvrirez le menu *Hues of Culture* : 10 cocktails soigneusement sélectionnés par Aiden Page et ses équipes, chacun représentant une expression artistique.

AIDEN PAGE

BAR MANAGER DU *GONG BAR*

“

Avez-vous déjà eu une expérience dans la restauration ?

Oui, j’ai travaillé dans de nombreux restaurants et collaboré avec de nombreux chefs étoilés, notamment Nancy Silverton à la *Pizzeria Mozza* et Lee Westcott à *Elodie*. Ces expériences inestimables m’ont permis d’apprendre des meilleurs en termes de saveurs et d’utilisation d’ingrédients frais.

Avez-vous déjà travaillé dans un bar de rue ?

Oui, j’ai passé des années à travailler dans des bars de rue. Ceux dont je me souviens le mieux sont le *69 Colebrooke Row (The Bar With No Name)*, un petit bar connu pour ses recherches et son approche scientifique des boissons, et le *Callooh Callay* à Londres. À l’époque où j’y travaillais, il a été désigné comme l’un des quatre meilleurs bars d’Europe par *Tales of the Cocktail*.

Qu’aimez-vous dans les cocktails ?

J’aime que les cocktails aient toujours une signification importante, qu’il s’agisse de déguster un martini dans le bar d’un hôtel cinq étoiles, ou de faire la fête avec des amis et d’éprouver un sentiment d’émerveillement lorsque les cocktails sont servis. Si vous vivez un moment particulier, vous vous souvenez presque toujours de la boisson que vous avez consommée.

Pourquoi avez-vous voulu travailler dans un hôtel de luxe ?

J’ai eu la chance de travailler dans certains des meilleurs bars de Londres, mais j’ai toujours été attiré par l’idée d’offrir un service de qualité dans une atmosphère de bar, où l’on peut vraiment se surpasser pour les clients et se concentrer sur leur expérience. Dès qu’un client entre dans l’hôtel, il se sent spécial et vous avez l’occasion de créer un souvenir qu’il chérira à jamais.

Parlez-nous de votre bar. Comment le décririez-vous ?

Le *Gong Bar* est le plus haut d'Europe occidentale, et offre à ses clients une vue incomparable. Mais l'attrait du bar ne s'arrête pas là : nous sommes très fiers de notre carte de boissons. Nous avons adopté une approche légèrement moléculaire pour nos cocktails, chaque menu étant basé sur un concept approfondi dont nous nous inspirons. Notre menu actuel, *Hues of Culture*, interprète différentes cultures et les couleurs qui leur sont associées dans des boissons. En bref, les clients vivront une expérience sophistiquée et haut de gamme qui ne ressemble à aucune autre.

Comment décririez-vous la clientèle ?

L'avantage de ce bar est qu'il attire une clientèle variée. Nos clients varient d'un jour à l'autre, qu'il s'agisse de connaisseurs en cocktails, de ceux qui essaient quelque chose de complètement nouveau ou des habitués qui s'assoient au bar chaque semaine avec leur Dry Belvedere Martini *with a twist*, en regardant le monde passer.

Quels sont les cocktails les plus consommés par les clients ?

La plupart des clients commandent des cocktails de notre carte. Nous veillons à ce qu'il y ait une boisson pour chacun, qu'il s'agisse d'un cocktail avec une pointe de fruit ou d'une variante du Whisky Sour classique. Sur l'ensemble des cocktails que nous servons, 90 % proviennent de notre carte.

Une anecdote amusante ?

Je pense que ce qui est vraiment spécial au *Gong Bar*, c'est le fait que nous avons beaucoup de demandes en mariage, car c'est un endroit très romantique. Tout récemment, j'ai eu le plaisir de servir un couple charmant qui s'est fiancé au coucher du soleil en surplombant Londres !

Quel est votre alcool préféré ?

Étant originaire d'Écosse, j'ai un penchant particulier pour le scotch. Il est fascinant de constater que le même processus et les mêmes ingrédients peuvent produire des goûts si différents en fonction du terroir. L'influence des fûts utilisés pour le scotch, qu'il s'agisse de chêne européen neuf ou ancien, d'anciens fûts de bourbon ou d'anciens fûts de sherry ou de porto, a un impact significatif sur le spiritueux. Un scotch traditionnel du Speyside comme The Balvenie 14YO, vieilli en chêne européen et achevé dans un ancien fût des Caraïbes, illustre la manière dont un spiritueux vieux de plusieurs siècles peut encore séduire le buveur d'aujourd'hui.

Votre ingrédient magique ?

J'apprécie les ingrédients qui offrent une certaine polyvalence. Au printemps et en été, je préfère la rhubarbe. Son pH élevé élimine la nécessité d'ajouter du jus d'agrumes ou des acides. Actuellement, nous élaborons notre nouvelle carte de cocktails, *A Decade of Moments,* en mettant l'accent sur la durabilité et les utilisations innovantes de la rhubarbe, à la fois sous forme de jus et en utilisant la pulpe restante. La rhubarbe offre vraiment des possibilités infinies !

Pourriez-vous nous parler de votre cocktail Regalia ?

Il est tiré de notre menu *Hues of Culture*. Le pourpre a longtemps été associé à la royauté, symbolisant le pouvoir, la richesse et l'exclusivité. Dans l'Antiquité, seule l'élite pouvait s'offrir la teinture rare et coûteuse utilisée pour produire cette couleur. Les empereurs romains et la reine Élisabeth Ière portaient fièrement des robes pourpres, symbole de leur pouvoir. L'utilisation par la reine Élisabeth II d'une luxueuse robe d'apparat en velours violet lors de son couronnement illustre bien cette association.

Aujourd'hui, les différentes nuances de violet ont des significations différentes, la lavande délicate évoquant la féminité et la spiritualité, tandis que les nuances profondes sont synonymes de luxe et de sophistication. La sélection de l'« ultraviolet » comme couleur de l'année par Pantone® en 2018 a encore renforcé le statut du violet en tant que couleur intemporelle qui peut être à la fois traditionnelle et avant-gardiste.

»

HENDRICK'S GIN
HAYMAN'S
Maker's Mark
MONKEY SHOULDER
CHIVAS REGAL

LE REGALIA

PAR AIDEN PAGE

Ingrédients

10 ml de Grey Goose infusé à la lavande

5 ml de Grey Goose infusé au mahlab

5 ml de Grey Goose au beurre clarifié

25 ml de Sherry Manzanilla

12,5 ml de sirop simple d'Ube

Champagne Veuve Clicquot

Yellow Label

Un travail de couleur est réalisé par l'apport de la lavande et du Ube. Attendez-vous à des notes beurrées légèrement salines apportées par le vin de Xérès et le champagne, lui-même soutenu par la vodka aromatisée au beurre. Dans un second temps, nul doute que la lavande et le mahlab, au goût d'amande, viendront donner le « la ». Délicatesse et gourmandise.

Instructions

- Dans un verre à mélanger, ajouter tous les ingrédients, sauf le champagne.
- Mélanger et servir dans une coupe.
- Compléter au champagne.

Veuve Clicquot

LE PURPLE HAZE

RECETTE REVISITÉE DU REGALIA

Par Baptiste Bochet

Ingrédients

pour un cocktail

4 cl de Sloe gin

2 cl de jus de citron frais

1 cuillère à café de sucre blanc

0,5 cl de liqueur de violette

6 cl d'eau gazeuse

1 pensée violette comestible

Pour rendre la pareille aux Anglais, je vais aussi opter pour le violet. Contrairement à ce que beaucoup pensent, orienter ses choix d'ingrédients en fonction de la couleur souhaitée du cocktail est rarement une bonne idée. Surtout si l'on souhaite du bleu. Après tout, nous buvons des arômes et saveurs, non des couleurs.

Un cocktail délicat où le Sloe gin apporte un côté tannique au cocktail qui va donner de la structure, de légères notes d'amande compléteront cette perception d'astringence. La violette va apporter de la fraîcheur au cocktail et venir compléter la palette aromatique, portée sur les baies et prunes. Faites tendre le cocktail sur l'acidité plutôt que sur le sucre afin de ne pas vous lasser de sa complexité aromatique. Attention à la liqueur de violette qui apporte certes de la fraîcheur et un côté floral, mais qui est souvent riche en arômes.

Instructions

- Assembler tous les ingrédients, sauf gazeuse dans un shaker.
- Secouer 15 secondes avec de gros glaçons.
- Ajouter l'eau gazeuse et servir le cocktail dans un grand verre highball sur glaçons.
- Décorer d'une pensée violette comestible.

Conseil

Si vous voulez un cocktail plus *fancy* (chic ou sophistiqué en anglais), remplacez l'eau gazeuse par du champagne.

The Lanesborough London

LA QUINTESSENCE DU CHARME *BRITISH*

Nous vous emmenons à présent dans une des adresses les plus luxueuses et exclusives de Londres pour vous faire rencontrer Mickael Perron, en charge du célèbre Library Bar.

The Lanesborough se dresse dans un des quartiers les plus exclusifs de la capitale britannique, non loin de Hyde Park et de Buckingham Palace, à quelques pas des grands magasins Harrods et Harvey Nichols et du quartier commerçant le plus select de Londres entre Sloane Street et Knightsbridge. Difficile de faire plus *posh* !
Le bâtiment d'origine a été construit à l'initiative du vicomte de Lanesborough en 1719. Ce dernier voulait en effet un manoir situé à la campagne, mais proche de Londres. L'urbanisation en a fait un des cœurs vibrants de la capitale. Il est ensuite devenu un hôpital, qui a été détruit en 1827 et reconstruit en plus grand en 1844. L'hôpital sera transféré à Tooting en 1970 et le bâtiment laissé vacant racheté par le duc de Westminster en 1980 pour 6 000 £ seulement ! Et c'est en 1991 qu'il devient finalement un hôtel sous la houlette de Rosewood, puis de Oetker Collection.

THE LANESBOROUGH

« Il est très rare de créer un cocktail qui ne soit pas influencé par une recette classique. »

UNE OFFRE DE COGNACS, CIGARES ET COCKTAILS SUBLIME

Au sein de l'hôtel, *The Lanesborough Grill* propose une cuisine d'inspiration britannique et moderne pilotée par le chef Shay Cooper (avec des produits locaux et de saison), dans un décor typiquement british et classe.
On vous conseille également de passer du temps dans la *Withdrawing Room* pour une collation ou un *afternoon tea*.
L'hôtel possède aussi une terrasse extérieure (mais couverte, dotée d'une cheminée et de radiateurs, on est quand même à Londres !) entourée de végétation, la *Garden Room*. On peut y déguster des cocktails, des spiritueux, des grands crus, des champagnes, des plats légers et une belle sélection de cognacs et armagnacs.
Le lieu dispose aussi d'une impressionnante offre de cigares et d'un fumoir. *The Lanesborough* se distingue, comme tout bon hôtel londonien, par un excellent bar, le *Library Bar*, une des destinations cocktails les plus courues de la capitale. Mais laissons son barman iconique nous en dire davantage…

ST-GERMAIN

MICKAEL PERRON

BEVERAGE PURCHASING MANAGER DU *LIBRARY BAR*

«

Comment est élaborée votre carte de cocktails ?

Nous ne modifions pas les cocktails classiques, notre carte n'est pas ambitieuse et nous travaillons avec les meilleurs fournisseurs depuis de nombreuses années. Nous préférons que nos clients se sentent rassurés lorsqu'ils commandent un cocktail, plutôt que d'avoir l'impression de jouer et de ne pas savoir s'ils vont l'aimer. Après tout, notre but est de faire plaisir, et nos clients reviennent pour leurs boissons préférées.

Votre parcours en quelques mots

Je travaille dans le centre de Londres depuis le début de l'année 2000 dans le secteur des bars.

Avez-vous déjà travaillé dans un restaurant ?

Oui, j'ai travaillé avec de grands chefs comme Pierre Gagnaire au *Sketch* et Éric Fréchon au *Lanesborough*.

Avez-vous déjà travaillé dans un bar de rue ?

Oui, au *Milk & Honey*, plusieurs fois primé, et dans des boîtes de nuit.

Pourquoi avez-vous voulu travailler dans un hôtel de luxe ?

Pour me mettre au défi et en apprendre davantage sur l'hospitalité.

Parlez-nous de votre bar. Comment le décririez-vous ?

Il est ouvert toute la journée et toute la nuit, avec une approche accueillante et inclusive qui reflète le mode de vie londonien.

Selon vous, quelle est la différence la plus frappante entre un bar de rue et un bar d'hôtel de luxe ?

Je dirais une plus grande attention aux détails lorsqu'il s'agit de l'expérience des clients dans l'ensemble de l'établissement.

Comment décririez-vous la clientèle ?

Nous accueillons tout le monde, y compris les enfants et les animaux de compagnie.

Quels sont les cocktails les plus consommés par les clients ?

Notre carte est bien équilibrée pour que chacun y trouve son compte : un Martini ou un Bellini, un Mojito ou un Bloody Mary.

Quel est l'équilibre entre les cocktails classiques et vos propres créations ?

Il est très rare de créer un cocktail qui ne soit pas influencé par une recette classique. Notre carte des cocktails est composée de la réimagination des classiques.

Quelqu'un que vous avez eu le plaisir de servir ? Une anecdote amusante ?

Nous aimons offrir un service qui dépasse les attentes, et c'est avec les clients qui s'y attendent le moins que je prends le plus de plaisir.

La demande la plus folle ?

Un Caméléon et des Perroquets.

Quel est votre alcool préféré ?

Le prochain.

Votre ingrédient magique ?

La simplicité.

Quelle est votre définition d'un bon cocktail ?

Une commande supplémentaire !

Qu'aimez-vous dans les cocktails ?

La personnalisation et l'excitation qui peuvent être délivrées « à la minute ».

Quelle est l'inspiration derrière votre cocktail culte Gaspari Manhattan ?

J'ai inventé cette boisson il y a quelques années, alors que je participais à un concours de cocktails. C'était l'anniversaire de ma grand-mère Mimi Gaspari, mais je n'avais pas pu participer aux célébrations, alors j'ai préparé une boisson en son hommage.
La recette est basée sur un Rob Roy et le romarin y ajoute un parfum méditerranéen. À l'époque, peu de gens utilisaient des herbes ou des épices dans les boissons, mais le romarin est facile à trouver. Nous le brûlons dans la Bénédictine, à la manière d'un Blue Blazer. La saveur se marie bien avec le scotch, et il émet une grande flamme, ce qui crée un effet impressionnant. Lorsque les gens voient un grand verre de glace surmonté d'un feu, ils veulent savoir ce qui se passe !

”

LE GASPARI MANHATTAN

PAR MICKAEL PERRON

Ingrédients

6 cl de Balvenie douze ans d'âge DoubleWood

2 cl de Dubonnet

1 cl de Lillet Blanc

0,5 cl de Noilly Prat

2 cl de Bénédictine

Élégant jusqu'au bout, le Gaspari Manhattan met de côté les notes très boisées et épicées d'un Manhattan tout court. Ici, le whisky écossais apportera élégance et structure, le bouquet frais proviendra des vins fortifiés, mistelles et le romarin. La perception végétale sera renforcée par la Bénédictine. Langoureux, frais et complexe.

Instructions

- Verser 9 cl du mélange dans un verre à mélange pour préparer la boisson.
- Faire flamber la Bénédictine à côté avec un peu de romarin dans une cafetière turque.
- Ajouter tous les ingrédients dans un autre verre à mélange et remuer doucement.
- Verser la Bénédictine enflammée dans le verre à mélange et remuez encore.
- Filtrer, remuer et servir dans une coupe. Ajouter un glaçon.
- Décorer d'une tige de romarin.

LE GARCIMORE MANHATTAN

RECETTE REVISITÉE DU GASPARI MANHATTAN

Par Baptiste Bochet

Ingrédients

pour un cocktail

6 cl de Rhum Dos Maderas PX 5+3

2 cl de vermouth rouge Yzaguirre

0,5 cl de liqueur « Licor 43 » Si vous n'en avez pas, utilisez de la Chartreuse jaune

2 traits d'angostura bitter classique

Cerise au marasquin

Le Gaspari Manhattan ressemble à un Rob Roy, twist écossais du cocktail Manhattan, avec une complexification de sa part de vermouth. Toutefois, la Bénédictine aromatisée au romarin puis flambée ajoute sans aucun doute un certain effet visuel qui émerveille et émoustille !

Pour ma version du Garcimore Manhattan, je propose de décoller vers l'Espagne avec un rhum espagnol, un vermouth d'Espagne et une liqueur elle aussi espagnole, portée sur les épices, les herbes et les agrumes. Plus gourmand que le Gaspari, le Garcimore opte pour les notes vineuses et caramélisées du Rhum vieilli en fut de Pedro Ximenez, évoquant entre-autre le pruneau et l'épice. Porté par l'Angostura bitter, le vermouth Yzaguirre renforcera la perception épicée, cannelle en tête, mais apportera de la fraîcheur au cocktail. La liqueur 43 amènera davantage de précision et de profondeur avec quelques notes végétales (et encore plus d'épices !).

Instructions

- Au verre à mélange, assembler tous les ingrédients et ajouter de gros glaçons.
- Mélanger pendant 30 secondes, puis servir dans un élégant verre à martini.
- Garnir d'une cerise au marasquin que vous mettez dans le verre (ou sur un pique) devant les yeux de votre convive.
- Détourner son attention, puis manger la cerise avant de lui tendre le verre.

Le Savoy

UN LEAP YEAR À L'AMERICAN BAR (ET PAS QUE LES ANNÉES BISSEXTILES)

Le cocktail que nous vous présentons est on ne peut plus british, puisqu'on y trouve deux types de gins différents et qu'il a été conçu au cœur de Londres. Avec vue sur la Tamise, if you please !

Nous vous emmenons donc dans la capitale du Brexit, euh ! du Royaume-Uni, la ville qui ne voit jamais le soleil (quoiqu'avec le réchauffement climatique, tout soit possible), mais aussi l'une des villes les mieux pourvues en hôtels de luxe, bars mythiques, et où la scène cocktail est la plus vibrante… Nous avons nommé Londres ! Parmi tous ses hôtels de légende et ses bars iconiques, nous vous proposons de faire une halte à l'*American Bar du Savoy. Le Savoy* se trouve à l'emplacement d'un ancien palais construit par la maison de Savoie au XIIIe siècle – la statue érigée au-dessus de l'entrée de l'hôtel représente Pierre II de Savoie (1203-1268). Le roi de France Jean II le Bon (1319-1364) y a notamment vécu, au cours d'un séjour forcé à la suite de la défaite de Poitiers au cours de la guerre de Cent Ans. Londres ayant connu plusieurs incendies dévastateurs, il n'en reste toutefois plus de traces. L'hôtel tel que nous le connaissons aujourd'hui a été imaginé par Richard D'Oyly Carte (1844-1901), le propriétaire du *Savoy Theatre* situé dans le même quartier, et inauguré en 1889. Parmi les curiosités qui font sa légende, on dit que l'hôtel fut le premier bâtiment public éclairé par l'électricité au sein de ce qui était alors l'Empire britannique, que la rue qui y mène est encore la seule au Royaume-Uni où l'on peut rouler à droite, ou alors que c'est dans ses cuisines qu'on inventa la fameuse pêche Melba.

SAVOY
Fairmont
SAVOY
SAVOY

L'établissement fut dès le début fréquenté par la famille royale et les célébrités de la période victorienne finissante (Oscar Wilde, Sarah Bernhardt…). Depuis lors, le *Savoy* est resté une halte de choix pour les stars.

L'ANTRE DU LEAP YEAR COCKTAIL

Le Leap Year Cocktail (ou « cocktail de l'année bissextile » en bon français) a été créé à l'origine dans le bar américain du *Savoy* par le barman en chef Harry Craddock, le 29 février 1928, et inclus dans le livre de cocktails original du *Savoy* publié en 1930.

Il occupe une place particulière dans l'histoire de l'établissement et dans l'héritage des célébrations de l'année bissextile. Le 29 février étant traditionnellement le jour où les femmes pouvaient demander leur petit ami en mariage, le cocktail Leap Year Cocktail du *Savoy* aurait été à l'origine de plus de demandes en mariage que n'importe quel autre cocktail jamais mélangé ! Les Londoniens qui souhaitent célébrer ce jour supplémentaire peuvent se rendre à l'hôtel *The Savoy* et tester ce délicieux cocktail à l'*American Bar*, le plus ancien bar à cocktails de Londres.

Sa recette a évolué au fil du temps : en 2024, il combine 3 cl de Hayman's Gin, 2 cl de vermouth et 1,5 cl de cognac avec 1,5 cl de sorbet orange-citron, ce qui donne un résultat irrésistiblement doux-amer. Mais nous vous donnons ci-après sa version traditionnelle.

LE LEAP YEAR

PAR HARRY CRADDOCK

La baie de genièvre et les agrumes des deux gins employés sont sublimés par l'orange amère et la gourmandise du Grand Marnier. Le tout appuyé par le vermouth doux qui apporte fruits et épices au cocktail.

Ce qui transforme ce cocktail et l'éloigne d'un Martinez ou consorts, c'est ce jus de citron qui contrebalance le sucre des autres ingrédients. De plus, L'emploi du shaker amène le cocktail à une température habituellement réservée à une catégorie de cocktails rafraîchissants. Un cocktail complexe, élégant et frais.

Ingrédients
pour un cocktail

3 cl de Hayman's London Dry Gin

1,5 cl de Hayman's Old Tom Gin

1,5 cl de Grand Marnier (ou autre liqueur de cognac à l'orange)

1,5 cl de Strucchi Vermouth Rosso

0,75 cl de jus de citron pressé

Instructions

- Versez tous les ingrédients dans un shaker, agitez, puis versez en filtrant dans un verre refroidi au préalable, de préférence dans une coupe.
- Garnissez avec un zeste de citron.

LE SHAKEN DAYS

RECETTE REVISITÉE DU LEAP YEAR

Par Baptiste Bochet

Ingrédients

pour un cocktail

6 cl de gin[1]

2 cl de Grand Marnier[2]

2 cl de vermouth rouge[3]

0,75 cl de jus de citron pressé

Quelques gouttes de sirop de sucre simple (facultatif)

1 zeste de citron

Pure simplification du travail fait par ce cher Harry Craddock, l'un des bartenders les plus prolifiques du XXe siècle par ailleurs. L'agrume est plus présent que dans le Leap Year cocktail.

Instructions

- Verser tous les ingrédients liquides dans un shaker.
- Agiter, puis verser en filtrant dans un verre à martini ou une coupette à cocktail, refroidi au préalable.
- Garnisser avec un zeste de citron.

1. Le gin Salers Gin reproduit l'effet escompté du mélange London Dry/ Old Tom de la recette originale.
2. Ou autre liqueur de cognac à l'orange, le Ferrand Dry Curaçao par exemple.
3. Le Strucchi Vermouth Rosso n'est pas disponible en France, je vous suggère d'opter pour un Carpano Classico, un Carpano Antica Formula ou encore un Martini Rubino.

Le Bvlgari Hotel Milano

UN COCKTAIL SIGNATURE À L'ITALIENNE

Calme, luxe et volupté, voici ce que vous promet cette véritable oasis qu'est le Bvlgari de Milan. *De quoi se reposer d'une journée trépidante dans la capitale à l'heure de* l'aperitivo, *un* Americano Chinato *ou un* Bvlgari *en main… avant d'aller faire un tour à la Scala toute proche ?*

Inauguré en 2004, l'établissement milanais est le premier ouvert par la marque de joaillerie/horlogerie/produits d'intérieur de luxe Bvlgari (Paris, Pékin, Bali ou Rome ont depuis accueilli ses *Hotels & Resorts*). L'idée de cette collection d'hôtels est de proposer la quintessence du luxe et du savoir-vivre à l'italienne à travers le monde. *Le Bvlgari Hotel Milano* est une véritable oasis de verdure et de calme dans la cité du nord de l'Italie, si urbaine et très affairée, qui est aussi la capitale transalpine de la mode. Très central, il se trouve dans une petite impasse privée et gardée du quartier de Breda, entre Via Monte Napoleone, Via della Spiga, la Scala et l'Académie des beaux-arts de Brera.

BVLGARI
HOTELS & RESORTS

« Chaque cocktail porte le nom d'une femme pionnière, invitant nos hôtes à lever leur verre pour célébrer leur héritage. »

AMERICANO CHINATO OU BVLGARI ?

On trouve dans son enceinte un chocolatier de haut vol, *Il Cioccolato*. C'est le chef triplement étoilé Niko Romito qui règne sur les cuisines du restaurant qui porte son nom. Il propose une cuisine italienne contemporaine avec des créations, mais aussi des grands classiques (lasagnes, tiramisu…) revisités par ses soins. Il est aussi possible de se restaurer, notamment de bruncher, dans le jardin *(il giardino)* agencé par l'architecte paysagiste Sophie Agata Ambroise et disposant d'espaces privatisables.

Et bien sûr, un hôtel de luxe n'en serait pas vraiment un sans un bar. C'est là que nous vous proposons de venir déguster de grands classiques comme le Spritz ou le Negroni, le cocktail emblématique du lieu (l'Americano Chinato) ou celui choisi par l'équipe du bar : le Bvlgari. Évidemment, venez-y au moment de l'*aperitivo*, une véritable institution si ce n'est un art de vivre à la milanaise (fin d'après-midi, début de soirée).

PATRICK GRECO

CHEF BARMAN DU BAR DU *BVLGARI HOTEL MILANO*

«

Qu'aimez-vous dans les cocktails ?

J'apprécie les cocktails pour leur capacité à inspirer des possibilités de narration illimitées. Ils servent de canevas à la créativité et permettent de créer des récits qui transcendent le verre et évoquent une myriade d'émotions et d'expériences.

Pourquoi avez-vous postulé dans un hôtel de luxe ?

Pour la recherche de l'excellence dans l'artisanat et l'engagement à incarner les normes de service les plus élevées.

Parlez-nous de votre bar. Comment le décririez-vous ?

Le cœur battant de l'hôtel, et une icône de *l'aperitivo à Milan*. Le généreux bar ovale en résine noire domine le bar, placé contre un spectaculaire mur de verre qui s'ouvre sur la luminosité sereine du jardin privé. C'est un lieu de rencontre non seulement pour les clients de l'hôtel, mais aussi pour les Milanais les plus en vue.

Selon vous, quelle est la différence la plus frappante entre un bar à cocktails classique et un bar d'hôtel de luxe ?

Le niveau de service, l'attention méticuleuse portée aux détails et l'expérience globale.

Comment décririez-vous la clientèle ?

Curieuse et jeune.

Comment se compose votre carte de cocktails ?

Notre carte de cocktails change au fil des saisons, grâce à une sélection minutieuse de pratiques durables et à un engagement inébranlable en faveur de l'approvisionnement en ingrédients parfaits. S'inspirant de l'actualité et de l'environnement dynamique de nos villes, chaque itération de la carte témoigne de notre engagement en matière de créativité et de conscience. Notre dernière carte met l'accent sur la riche influence féminine dans le domaine de la mixologie, en rendant hommage aux femmes de bar remarquables qui ont laissé une marque indélébile sur notre industrie. Chaque cocktail porte le nom d'une femme pionnière, invitant nos hôtes à lever leur verre pour célébrer leur héritage. Plus qu'un simple menu, il s'agit d'un hommage à la force, à la créativité et à la résistance des femmes dans le monde des spiritueux.

Quels sont les cocktails les plus consommés par les clients ?

Le Negroni et le Spritz.

Quel est le cocktail le plus emblématique de votre établissement ?

L'Americano Chinato, une variante de l'*aperitivo* classique. À la base, l'Americano rend hommage à l'attrait intemporel de la culture de l'aperitivo, tout en lui insufflant une touche distinctive qui le différencie des autres. En incorporant le Barolo Chinato, un mélange raffiné de quinine, de gentiane, de racine de rhubarbe, de cannelle, de coriandre et d'écorce d'orange, nous élevons l'Americano classique à de nouveaux sommets. À la base on y trouve un tiers de Campari, un tiers de Barolo Chinato et un tiers de soda.

Quel est l'équilibre entre les cocktails classiques et vos propres créations ?

Je dirai 50/50.

La demande la plus folle d'un client ?

Un client m'a demandé un jus de tomate avec de la bière, une demande particulièrement douloureuse pour un Italien !

Quel est votre alcool préféré ?

La tequila.

Votre ingrédient magique ?

La passion.

Quelle est votre définition d'un bon cocktail ?

C'est l'équilibre délicat, une danse alchimique qui brouille les frontières entre les spiritueux et les sensations.

»

BVLGARI

LE BVLGARI

PAR PATRICK GRECO

Ingrédients

4 cl de gin

3 cl d'Aperol

2 cl de jus d'orange

1,5 cl de jus de citron

4 cl de jus d'ananas

Servi dans un verre sur mesure signé par la maison vénitienne Venini, le cocktail Bvlgari *est le cocktail signature servi depuis l'ouverture de cet hôtel est servi dans tous les établissements du groupe. Un cocktail qui mise tout sur la fraîcheur des fruits pressés, risqué car c'est dépendre de la maturité de l'ananas, que je remplacerais par un 100% pur jus au rayon frais de votre supermarché. Une sorte de super punch accessible marqué par l'agrume.*

Instructions

- Tous les jus sont fraîchement pressés.
- Mélanger tous les ingrédients dans un grand verre.

BVLGARI
THE COCKTAIL

LE NEC PLUS AMER

RECETTE REVISITÉE DU BVLGARI

Par Baptiste Bochet

Ingrédients

pour un cocktail

4 cl de gin

2 cl de Campari

4 cl de jus de pamplemousse
100 % pur jus

6 cl d'eau gazeuse ou d'eau tonique

½ rondelle d'orange (garniture)

Milan est la capitale de l'aperitivo, mais le cocktail signature du Bulgari Hotel Milano *est servi dans tous les hôtels du groupe. Il fallait donc que sa recette soit facilement reproductible partout. Ici, le seul ingrédient italien est bien entendu l'Aperol, aujourd'hui porte-étendard de la mouvance Spritz. Sachez que les Italiens sont très friands du Campari également.*

Un mélange délicieux, exception même à la règle du « faites simple mais faites bon ». Il faut aimer l'amer mais ce cocktail ne le sera finalement pas plus qu'un Gin Tonic. Les arômes des différents amers employés sont complémentaires. Si vous le trouvez trop amer, ajoutez 0,5 cl de sirop de sucre pour revenir sur l'arôme et vous éloigner de la saveur.

Instructions

- Mélanger tous les ingrédients dans un grand verre. Remuez.
- Décorer avec la ½ rondelle d'orange.

Astuce : les différents amers ne se cumulent pas en intensité de saveur, en revanche les arômes liés à leurs amertumes respectives se lient et lissent une amertume qui aurait pu être perçue comme trop nette autrement.

Le Four Seasons Florence

SIROTEZ UN NEGRONI EN PLEIN CŒUR DE FLORENCE

Dans quel autre endroit au monde siroter un véritable Negroni, *si ce n'est dans la ville où ce cocktail, devenu un classique parmi les classiques, a été inventé ?*

Comme son nom l'indique, le *Four Seasons Hotel Firenze* se trouve dans une des plus belles villes d'Italie, si ce n'est du monde : Florence. Déambuler dans ses rues, c'est marcher dans les pas de personnages historiques entrés dans la légende, comme les Médicis ou Léonard de Vinci. Comme souvent en Italie, c'est un *palazzo* qui sert d'écrin à un hôtel cinq étoiles. Le *Four Seasons Firenze* est un complexe urbain composé de deux bâtiments de la Renaissance : le Palazzo della Gherardesca du XVe siècle et « La Villa », un ancien couvent du XVIe siècle. Les deux propriétés sont situées dans le jardin Gherardesca, un des plus grands parcs privés (et clos) de la ville !

Côté restauration, *Il Palagio* est le restaurant étoilé Michelin du chef exécutif Paolo Lavezzini, où il met à l'honneur le patrimoine culinaire et culturel de la ville et prépare un mélange appétissant de délices toscans et méditerranéens dans un cadre haut de gamme et fascinant. Pendant l'été, *Al Fresco* est une trattoria typique en plein air qui sert, notamment pour le dîner, des pizzas et des grillades de viande et de poisson.

« L'*Atrium Bar* figure sur plusieurs listes des meilleurs bars d'hôtel au monde. »

UN NEGRONI À L'ATRIUM

Mais bien sûr, c'est son bar, l'*Atrium*, qui a particulièrement attiré notre attention. Le Palazzo della Gherardesca a ceci d'inhabituel que son principal espace intérieur, l'atrium, a été conçu dès l'origine comme une cour secondaire. Aujourd'hui couvert d'une verrière, comme la cour qui abrite le lobby, l'*Atrium Bar* figure sur plusieurs listes des meilleurs bars d'hôtel au monde. Dans ce vaste espace éclairé par la lumière du jour, il affiche à la carte des menus pour le déjeuner et le dîner, ainsi que des cartes d'apéritifs typiquement italiens, de thés et de cafés, de desserts, et bien sûr de cocktails. Le mixologue en chef du bar de l'*Atrium*, Edoardo Sandri, avec le directeur du bar Edoardo Felsini et toute l'équipe, sont passés maîtres en termes de cocktails classiques et dans l'art de développer des concoctions originales. Le soir, un pianiste crée une atmosphère détendue et informelle qui se prolonge à l'extérieur, sur la terrasse, pendant les chauds mois d'été. Idéal pour siroter un Negroni vintage !

EDOARDO SANDRI

CHEF BARMAN DE L'*ATRIUM BAR*

« Aviez-vous déjà une expérience dans la restauration ?

Non, pas du tout.

Et dans un bar classique ?

En 2003, j'ai commencé à travailler dans des clubs et des bars américains, très en vogue à l'époque. Je ne sais pas si on peut les considérer comme des bars classiques, c'était quelque chose de très lié à la culture de la rue.

Qu'aimez-vous dans les cocktails ?

Les couleurs m'ont toujours attiré. J'essaie de les utiliser chaque fois que je le peux, pour créer un effet esthétique parfait. Quand j'étais enfant, j'aimais aussi regarder les gens dans les bars. La foule, la joie et l'ambiance m'enchantaient.

Pourquoi avez-vous postulé à un emploi dans un hôtel de luxe ?

Ma mère m'y a forcé ! Et elle avait raison, comme toujours. J'avais 24 ans, j'étais rebelle dans l'âme. Elle pensait qu'un « bon job » serait une grande opportunité, et je dois admettre que j'ai beaucoup grandi ici. Cela fait maintenant quinze ans : l'*Atrium Bar* est mon univers, avec mon équipe de football, l'Inter de Milan, et bien sûr ma formidable famille.

Quelle est, selon vous, la différence la plus frappante entre un bar à cocktails classique et un bar de palace ?

Je n'aime pas les étiquettes. Travailler dans un bar d'hôtel présente de nombreux avantages, qu'il s'agisse de l'équilibre entre vie professionnelle et vie privée, ou du salaire.

Ici, il faut faire preuve de discipline, de constance et de responsabilité. C'est quelque chose qui ne va pas de soi dans ce secteur. L'équipe d'un bar à cocktails jouit d'une grande liberté, mais les risques sont plus élevés. J'aime me considérer comme un barman dans un hôtel de luxe.

Parlez-nous de votre bar

Je peux paraître ringard, mais pour moi, l'*Atrium Bar* est le plus beau bar du monde. Il se trouve dans un palais de la Renaissance, avec un design colonial et une ambiance contemporaine. Si j'étais un client, je serais le plus fidèle des habitués.

Comment décririez-vous la clientèle ?

Nous avons un mélange unique de locaux, de jeunes et de plus âgés, venant du monde entier.

Quels sont les cocktails les plus consommés par les clients ?

Notre meilleur, le *Vintage Negroni.*

Quel est l'équilibre entre les cocktails classiques et vos propres créations ?

Autrefois, j'osais beaucoup. Aujourd'hui, je vieillis et je trouve un nouveau plaisir dans un bon équilibre. Je n'ai jamais été fan des classiques, mais mon équipe m'a appris à apprécier la beauté des saveurs intemporelles.

1. NdA : Un cocktail de l'époque coloniale appelé « Loggerhead Flip », qui était préparé avec du rhum, de la bière et du sucre avant d'être chauffé avec un tisonnier en fer rouge connu sous le nom de caouanne.

Quels sont vos goûts en matière de spiritueux ?

Je préfère les notes sombres et fumées.

Votre ingrédient magique ?

Un congélateur (- 30 °C). et de l'azote (- 180 °C). Autrefois, j'aurais répondu le Loggerhead[1], la tête de mort. Je suis toujours ouvert à l'exploration de possibilités opposées.

La demande la plus folle ?

C'est peut-être moi qui l'ai faite, en tant que client. En 2010, *Le Dukes*, à Londres, avait l'habitude d'être très strict (pas de bières, pas de mojitos...). J'ai demandé un martini à emporter, pour me rendre à White Hart Lane assister au match opposant Tottenham à l'Inter.

»

LE VINTAGE NEGRONI

PAR EDOARDO SANDRI

Ingrédients

2 cl de gin Bombay Sapphire

3 cl de vermouth Mancino rosso

3 cl de Martini Riserva Speciale Bitter

2 cl de Liquore all'Arancio Lunæ

1 rondelle d'orange déshydratée

Un Negroni twisté qui va laisser une belle place à l'orange, ici présente en liqueur, un orangelo utilisé en quantité dans le cocktail. L'essence de cet agrume apporte de la fraîcheur au cocktail.

Instructions

- Remplir un verre tumbler de glace.
- Verser tous les ingrédients et mélanger à la cuillère.
- Décorer avec la rondelle d'orange déshydratée.

LE NEGRONI NO SBAGLIATO

RECETTE REVISITÉE DU VINTAGE NEGRONI

Par Baptiste Bochet

Ingrédients
pour un cocktail

2 cl de gin London dry (Beefeater, Bombay Sapphire, Tanqueray...)

3 cl de vermouth doux[1]

3 cl de Martini Riserva Speciale Bitter ou de Campari

2 cl de vodka infusée à l'orange[2] **1.**

0,5 cl de sirop de sucre (optionnel)

1 orange non traitée, de préférence bio

Un ersatz transalpin qui vous donne la main sur l'ingrédient et l'arôme mis en valeur dans le Vintage Negroni, l'orange. Amusez-vous à utiliser l'agrume comme un condiment, à faire varier les proportions en fonction de votre accointance au Negroni original, plutôt porté par le végétal et l'épice. Le Negroni est un cocktail extrêmement complexe, non dans sa réalisation, mais dans sa rencontre avec le buveur : ce speed dating *peut rapidement se terminer... En effet, il y a autant de Negronis que de combinaisons de la trinité gin-vermouth doux-vermouth amer.*

Il faut également prendre en compte que votre tolérance à l'amertume augmentera au fil de vos dégustations de cocktails amers et, bientôt, ce que vous considériez comme amer vous paraîtra seulement sucré dans le cas des liqueurs italiennes. À consommer avec modération pour retrouver le plaisir presque masochiste des premières fois.

1. Ingrédients
pour vodka infusée

1 bouteille de vodka

1 orange

1. Rouge, idéalement italien ; j'ai un petit faible pour le Carpano Antica Formula, mais le Mancino est très bien, les vermouths Martini haut de gamme comme le Rubino sont excellents également.
2. Wyborowa ou une vodka plus neutre encore.

Instructions

1. Pour la vodka infusée

- Prélever le zeste d'une orange. Plus il sera fin, plus l'infusion dans la vodka sera rapide. Le top est d'utiliser une râpe très fine type Microplane. Sinon, le prélever au zesteur ou au couteau.
- Placer les zestes dans votre vodka et laissez infuser.

Pour le cocktail

- Assembler tous les ingrédients dans un verre type rock, idéalement avec un gros glaçon, sinon plein de cubes.
- Mélanger à la cuillère pendant 30 secondes, décorer d'une demi-rondelle d'orange, comme un *Negroni* originel, car la mode se démode, mais le style jamais.

Le Sirenuse

UNE GOLDEN HOUR AMALFITAINE

Ce magnifique et luxueux complexe ocre et blanc est resté familial depuis sa création en 1951. Nous vous proposons d'y passer la belle saison, tout en sirotant un Golden Hour.

Quel hôtel représente mieux la douceur de vie méditerranéenne ? Situé à Positano, sur la côte amalfitaine, à 55 kilomètres au sud de Naples, en face des fameuses îles Galli (« des sirènes ») où, selon l'Odyssée, Ulysse passa haut la main le test des Sirènes (ok, il était attaché au mât de son navire…), Le *Sirenuse* surplombe la Méditerranée. D'ailleurs toutes ses chambres, presque toutes dotées d'un balcon ou d'une terrasse, donnent sur la ville et la baie en contrebas. Les teintes rouge foncé des façades de l'hôtel. Cette couleur particulière est inspirée du site archéologique d'Oplontis, près de Pompéi. Il s'agit de la villa de Poppée, la seconde épouse de l'empereur Néron, conçue autant pour les réceptions que pour la vie quotidienne. Oplontis a été peinte en rouge profond et passionné, ce qui a inspiré la famille Sersale à faire de même pour Le *Sirenuse.*

L'HÔTEL DE LA FAMILLE SERSALE

Le *Sirenuse* a ouvert ses portes en 1951, lorsque la famille Sersale (quatre frères et sœurs napolitains : Aldo, Paolo, Franco et Anna) a transformé sa maison d'été de Positano en

petit centre de villégiature de luxe… qui allait bientôt figurer parmi les plus grands au monde. En effet, à sa création, Le *Sirenuse* ne comptait que huit chambres, contre cinquante-huit aujourd'hui.
Les îles Galli, l'hôtel et la ville de Positano elle-même ont acquis une renommée mondiale deux ans plus tard, lorsque l'écrivain américain John Steinbeck, futur lauréat du prix Nobel, y a séjourné et a relaté sa visite dans les pages du magazine *Harper's Bazaar*. On peut notamment y lire : « Nous sommes allés au *Sirenuse*, une vieille maison de famille convertie en hôtel de première classe, impeccable et frais, avec des tonnelles de raisin au-dessus de ses salles à manger extérieures. Chaque chambre a son petit balcon et donne sur la mer bleue jusqu'aux îles des Sirènes d'où ces dames ont chanté avec tant de douceur. » Aujourd'hui, cet ensemble saisissant faisant face à la mer est toujours dirigé par la famille Sersale.

DES BARS POUR TOUS LES GOÛTS

Tous donnant sur le village de Positano et la grande bleue, le *Sirenuse* dispose d'espaces de restauration : le restaurant *La Sponda* pour le déjeuner et le dîner (en plein air ou à l'intérieur), l'*Aldo's* pour le champagne, les cocktails, les repas légers du soir et la musique d'ambiance (en plein air ou à l'intérieur), et le *Don't Worry Bar*, un bar intime à l'ancienne (à l'intérieur), le *Pool Bar* pour un déjeuner et des boissons toute la journée (en plein air).

ALESSIO LUPO

DIRECTEUR DE LA MIXOLOGIE AU *SIRENUSE*

"

Quel est votre parcours en quelques mots ?

J'ai grandi à Maiori (près de Salerne) et j'ai développé une passion pour la mixologie dès mon plus jeune âge. Le maestro Salvatore Calabrese a grandi dans ma ville natale et il a été une grande source d'inspiration pour moi. J'ai commencé à travailler dans des hôtels de luxe à l'adolescence et je suis au *Sirenuse* depuis 8 ans maintenant. J'ai commencé en tant que barman et j'ai évolué au fil des ans pour devenir directeur de la mixologie. J'ai très peu d'expérience dans les restaurants, seulement lorsque j'étais jeune enfant. J'ai également travaillé dans des bars classiques, ce qui m'a appris la valeur du service rapide, de la créativité, et donné la capacité de nouer des liens avec une clientèle variée dans un cadre plus informel.

Pourquoi avoir postulé dans un hôtel de luxe ?

J'ai été attiré par le prestige et le défi de travailler au *Sirenuse*, un endroit connu pour son excellence et son souci du détail. L'opportunité de créer des expériences exceptionnelles dans un cadre luxueux, où chaque élément est conçu avec soin, était une étape naturelle dans ma carrière.

Parlez-nous du bar du *Sirenuse*

Notre bar est une oasis de sophistication et de raffinement. Il est conçu comme un lieu de retraite où les clients peuvent profiter d'un service impeccable, d'une vaste sélection de spiritueux de première qualité et de cocktails élaborés par des experts dans un environnement serein et luxueux.

Et sa clientèle, comment est-elle ?

Elle est aussi variée que notre carte de cocktails. Nous accueillons des clients du monde entier, aussi bien des locaux que des visiteurs internationaux, de tous âges. Ils ont tendance à être aventureux tout en appréciant les touches classiques, toujours désireux d'explorer nos créations uniques ou de savourer leurs cocktails traditionnels préférés.

Quels sont les cocktails les plus populaires auprès d'elle ?

Les cocktails classiques avec une touche d'originalité sont les plus appréciés, mais nos boissons emblématiques, inspirées des saveurs amalfitaines locales et de la riche histoire du *Sirenuse*, jouissent également d'une grande popularité auprès de nos hôtes.

« Un bon cocktail est un cocktail qui équilibre parfaitement les saveurs, les arômes et la présentation. »

Quel est l'équilibre entre les cocktails classiques et vos créations personnelles à la carte du bar ?

Nous maintenons un équilibre harmonieux, en honorant les classiques tout en encourageant nos clients à découvrir nos créations innovantes. Cette approche nous permet de répondre à un large éventail de goûts et de préférences, en veillant à ce qu'il y ait quelque chose de spécial pour tout le monde.

Qu'aimez-vous dans les cocktails ?

Les cocktails sont comme une toile pour la créativité. J'aime les possibilités infinies d'innovation, l'interaction des saveurs et la joie de créer une boisson qui peut évoquer des émotions, des souvenirs ou simplement offrir un moment de plaisir.

Quelle est votre définition d'un bon cocktail ?

Un bon cocktail est un cocktail qui équilibre parfaitement les saveurs, les arômes et la présentation. Il ne s'agit pas seulement d'une boisson, mais d'une expérience qui fait appel à tous les sens.

Quel est votre spiritueux préféré ?

Le gin, pour sa polyvalence et la façon dont il s'harmonise avec une multitude de saveurs, des herbes et des fleurs aux agrumes et aux épices.

Pouvez-vous nous livrer une expérience de service mémorable ?

Une de mes expériences les plus mémorables a été de servir un auteur de renommée mondiale qui a raconté des histoires fascinantes sur ses voyages. L'élaboration d'un cocktail inspiré de son dernier roman a été un défi unique et un honneur, car il s'agissait de mélanger les saveurs pour qu'elles correspondent à l'essence du récit.

La demande la plus folle ?

Un hôte a demandé un jour un cocktail qui pourrait « incarner l'essence de la mer ». Cette demande a conduit à la création d'une boisson à base de gin infusé d'algues, de salicorne et d'une solution saline, agrémentée d'une feuille d'huître. Ce fut un succès !

Quel est votre ingrédient magique ?

L'ambition. Elle me pousse à explorer, à expérimenter et à repousser sans cesse les limites de la mixologie traditionnelle. »

LE GOLDEN HOUR

PAR ALESSIO LUPO

Ingrédients

5 cl de vodka

2 cl de jus de citron

1,5 cl de sirop de fruit de la passion

5 cl (1 c. à soupe) de crème de banane

1 cl d'eau de miel **1.**

6 cl de mousse de champagne aux mûres **2.**

1 fleur comestible

1. Préparation

de l'eau de miel

- 700 ml de miel
- 300 ml d'eau

Mélanger les ingrédients dans une carafe et remuer.

2. Préparation

de la mousse de champagne aux mûres

- 60 ml de sirop de fleurs de sureau
- 180 ml de liqueur Saint- Germain
- 160 ml de champagne
- 160 ml d'eau chaude (38 °C idéalement)
- 7,5 gr de gélatine.

Placer la gélatine dans de l'eau froide pendant 5 à 6 minutes, tout en ajoutant le reste des ingrédients. Verser dans le fouet à crème et ajouter 2 charges de N_2O. Laisser reposer pendant 2 à 3 heures au réfrigérateur.

Instructions

- Placer tous les ingrédients dans un shaker, sauf le champagne et la mousse, et secouer pendant 15 secondes.
- Filtrer dans un verre à double filtre et ajouter le champagne et la mousse.
- Décorer avec une fleur comestible.

LES HEURES SOMBRES

RECETTE REVISITÉE DU GOLDEN HOUR

Par Baptiste Bochet

Ingrédients

pour un cocktail

5 cl de vodka

2 cl de jus de citron

1,5 ml de sirop de fruit
de la passion

5 ml de crème de banane

5 ml de liqueur de mûre

Quelques gouttes de blanc
d'œuf

1 c. à café de miel
(de préférence miel de forêt
ou miel de châtaignier)

6 cl de champagne,
de crémant ou de prosecco

La complexité de la recette provient de cette mystérieuse mousse de champagne aux mûres… Certainement réalisée au syphon à chantilly après avoir fait infuser des mûres dans du champagne ? Je suggère d'utiliser à la place une pointe de liqueur de mûre, qui vous fera perdre la couleur dorée du cocktail, mais vous permettra de récupérer le côté tannique et structuré de la mûre.

Conçue comme une simplification du Golden Hour, le goût de la mousse ne sera ici pas différent du goût du cocktail. Si vous souhaitez prolonger l'expérience après le crépuscule (d'où les heures sombres), remplacez la vodka par un rhum jamaïcain par exemple qui donnera de l'importance à la mûre.

Instructions

- Verser tous les ingrédients, sauf le vin effervescent, dans un shaker.
- Réaliser un « *dry shake* » pour commencer afin de dissoudre le miel et de faire mousser (émulsifier) le blanc d'œuf : fermer votre shaker sans y mettre de glaçons, puis tenir le fermement et secouez 10 secondes comme si demain n'existait pas.
- Ouvrer le shaker, constater que la technique fonctionne puis ajouter les glaçons, secouer à nouveau 10 secondes.
- Ajouter le vin effervescent puis servir dans une grande coupe à cocktail ou dans un verre à vin.

L'Aman Venice

LUXE, CALME ET VOLUPTÉ EN PLEIN CŒUR D'UN PALAZZO VÉNITIEN

Suivez les pas de Lord Byron et venez déguster un Count Martini au Bar, *devant le Grand Canal de la Sérénissime !*

C'est un *palazzo* vénitien du XVIe siècle (le Palazzo Papadopoli, un des huit palais de la Cité) qui sert aujourd'hui d'écrin au *Aman Venice*. Il s'agit d'une bluffante rencontre entre l'histoire (avec des boiseries, des plafonds, des tentures, des toiles d'époque…) et la modernité apportée par l'architecte star Jean-Michel Gathy (notamment avec des meubles aux lignes épurées). Comparé à d'autres établissements de luxe, il a des allures d'hôtel de poche, puisqu'il ne compte que vingt-quatre chambres ou suites. C'est que les dimensions du *palazzo* sont restées les mêmes qu'à l'époque de sa construction, et que le dernier étage est toujours le lieu d'habitation de la famille Arrivabene. C'est un peu comme si vous étiez logé chez l'habitant, le luxe et les services en plus !

RIO
DEI MELONI
AMAN

Une rencontre bluffante entre l'histoire et la modernité

SO BRITISH ET ITALIEN À LA FOIS

Loin d'être suranné, ou surjoué, le luxe de l'*Aman Venice* tape juste. D'autant qu'on n'y accède que par la voie fluviale, puisqu'il domine le célèbre Grand Canal de Venise.

Côté gastronomie, l'*Aman Venice* et son chef résident Matteo Panfilio proposent trois espaces distincts. Le restaurant l'*Arva* (« terre cultivée » en latin) est une ode à la cuisine italienne qui prend en compte l'innovation et l'aspect durable, dans un décor à la fois somptueux et intime. Le *Palazzo Kitchen Table* est un programme d'événements privés, pour lequel l'équipe de restauration se plie en quatre pour satisfaire vos moindres désirs le temps d'une soirée ou d'un événement. Parfois avec le concours de chefs étoilés invités.

Enfin, le bar, qui, du premier étage, surplombe un jardin secret au bord du Grand Canal, rend hommage à un personnage emblématique, le poète Lord Byron, qui vécut, aima et écrivit à Venise. Inspiration anglaise oblige, le bar propose la plus grande collection de gins de la ville : essayez le Vigorous (bourbon, vanille, camomille, chocolat amer, sucre muscovado et note d'agrume) pour accompagner les *cicchetti* (tapas vénitiennes), notamment les gnocchis croustillants et le *baccalà* (morue salée). Mais aussi et bien sûr le cocktail signature du lieu : le Count Martini.

ANTONIO FERRARA

CHEF BARMAN À L'AMAN VENICE

«

Aviez-vous une expérience dans la restauration ?

Ma formation a commencé dans des établissements d'accueil prestigieux à Saint-Moritz, où j'ai passé quelques années, et cela a été une expérience déterminante pour ma carrière, qui m'a inculqué une discipline et un sens de l'organisation que j'ai encore aujourd'hui. Je me souviens de cette période avec beaucoup de gratitude et de satisfaction.

Aviez-vous travaillé dans un bar ?

Bien sûr. C'est une expérience extraordinaire ! J'y ai appris la rapidité et la cohérence dans la préparation des boissons. Bien qu'il faille préparer de nombreux cocktails, les boissons doivent toujours être homogènes. C'était le défi à relever.

Pourquoi avez-vous postulé à un emploi dans un hôtel aussi luxueux ?

Travailler dans un hôtel de luxe me permet d'exprimer au mieux ce que signifient et représentent l'hospitalité, la recherche du détail, la création d'une expérience unique et émotionnelle.

Quelle est, selon vous, la différence la plus frappante entre un bar à cocktails classique et un bar de palace ?

Elle réside certainement dans les personnes que vous avez en face de vous et, par conséquent, dans leurs attentes.

Qu'est-ce qui vous plaît dans les cocktails ?

De nombreux aspects du monde des cocktails me fascinent. Chaque cocktail classique représente une expression de la socialité, et il est très intéressant pour moi de voir comment chaque moment historique important a trouvé un écho dans le monde de la mixologie. Un autre aspect est le charme de la représentation d'une idée, d'un concept, d'un mouvement à travers quelque chose de liquide. Avec un cocktail, je peux parler de l'histoire de mon pays, ou je peux raconter l'histoire de mon territoire, ou je peux mettre en valeur un plat du chef.

Parlez-nous un peu de votre bar.

Notre bar a été créé en 2017 en hommage à Lord Byron, le poète anglais qui vivait près de notre palais à Venise. Chaque cocktail signature est dédié à une des facettes de son personnage. Grâce à un travail d'équipe et à des efforts constants, nous avons réussi à faire connaître de plus en plus notre bar. Aujourd'hui, nous avons une grande visibilité dans la ville et même au niveau national, ce qui nous donne la responsabilité de maintenir un niveau très élevé et de toujours chercher à surprendre nos hôtes.

Comment décririez-vous la clientèle ?

Notre clientèle est variée ; il y a les clients locaux qui visitent notre établissement par curiosité, et il y a les résidents de l'hôtel ou les visiteurs étrangers, qui s'attendent à une mixologie et à une hospitalité de grande qualité.

Quels sont les cocktails les plus consommés par les clients ?

Les plus demandés sont le *Martini classique* et le *Negroni*, deux icônes !

Quel est votre alcool préféré ?

Cela dépend beaucoup de mon humeur, mais si je devais choisir, j'opterais pour le whisky, que j'aime beaucoup.

Votre ingrédient magique ?

L'ingrédient secret est l'imagination ! Nos pensées peuvent nous conduire à des résultats incroyables !

»

LE COUNT MARTINI

PAR ANTONIO FERRARA

Le Count Martini est dédié au comte Arrivabene Valenti Gonzaga, propriétaire du palazzo où se trouve l'Aman Device. Ce gin, floral et épicé, sera soutenu par ce soupçon de vermouth végétal et frais. Un cocktail d'initié, qui ne plaira pas à tous les initiés du cocktail tant le degré d'alcool final tend vers l'infini, euh, trente et quelques pour-cents, mais nous ne sommes plus à ça près. Je suggère l'Audemus Pink Pepper pour retrouver ce côté floral des baies roses et épicé de la fève tonka.

Ingrédients
pour un cocktail

6 cl de Tanqueray Malacca

0,5 cl de Noilly Prat
infusé aux graines de fenouil
et à la menthe

Préparation

- Dans un verre, mélangez le Tangueray Malacca et le Noilly Prat à la cuillère.
- Servir avec une feuille d'or fabriquée par le dernier artisan fabricant de feuilles d'or de Venise, Berta Battiloro.

LE COMPTE EST BON

RECETTE REVISITÉE DU COUNT MARTINI

Par Baptiste Bochet

Ingrédients
pour un cocktail

6 cl de gin Salers
dont le style s'approche
du Tanqueray Malacca

0,5 cl de vermouth blanc dry

Quelques gouttes d'absinthe
bien mentholée [1]

Graines de fenouil

Inutile de dire qu'avec ce ratio de douze pour un, qui ressemble à une exécution sommaire dont seul Churchill avait le secret (je ne parle pas de politique mais seulement d'ivresse), le second ingrédient joue le rôle de figurant. Néanmoins tout ceci n'est finalement que chiffres et lettres et vous pouvez renverser la vapeur à l'aide de cette absinthe, un mal nécessaire qui fait du bien. Dans ma version, vous pouvez ajouter quelques gouttes d'absinthe au vermouth, si vous ne disposez pas de menthe. J'adore les graines de fenouil... un des symboles de la cuisine méditerranéenne. Ses notes fraîches apporteront un brin de salut à ce cocktail qui risque de vous anesthésier la bouche !

Instructions

Compte tenu du ratio entre le gin et le vermouth, je suggère de le préparer au shaker afin d'augmenter la dilution et de refroidir la température de service, ce qui limitera la perception de l'éthanol.

- Mettre les ingrédients liquides dans un shaker.
- Ajouter les glaçons et secouez 15 secondes.
- Servir dans un verre à martini.
- Décorer de graines de fenouil.

1. Je suggère l'absinthe Sans Frontières La Semilla, de la distillerie artisanale Aymonier.

Le Four Seasons Hotel Madrid

DÉGUSTEZ UN HEIWA DANS UNE ANCIENNE BANQUE

Situé au cœur de la capitale espagnole, ce Four Seasons récemment ouvert a été taillé dans pas moins de sept immeubles, dont une ancienne banque ! Venez y déguster les créations de l'Isa Restaurant & Cocktail Bar dans une ambiance feutrée et dans les tons carmin.

En 2022, l'Espagne a accueilli 71,5 millions de touristes internationaux, dont14 % de Françaises et de Français. Tandis qu'en 2019 (avant la pandémie de Covid-19), Madrid se trouvait en troisième place des villes européennes avec le plus de nuitées d'hôtel (derrière Paris et Berlin). Ouvert en 2020, le *Four Seasons* de la capitale espagnole ne peut que renforcer son attractivité. Il a en effet bluffé son monde autant par ses chambres et suites, que par ses espaces communs, son spa, son offre de restauration ou encore de cocktails, et a remporté le prix Best New Hotel in Spain 2021 décerné par *Condé Nast Traveler*.

FOUR SEASONS
HERMÈS

Le restaurant *Dani*.

SEPT IMMEUBLES DONT UNE BANQUE

Cet établissement cinq étoiles se trouve au cœur de Madrid, à deux pas de la Puerta del Sol, des jardins du Retiro et des musées du Prado et Reina Sofia. Les architectes ont eu le bon goût de conserver et d'intégrer harmonieusement l'histoire unique de ce lieu à leur réalisation. L'établissement regroupe en effet sept immeubles datant des XIXe et XXe siècles, dont l'ancien Palacio de la Equitativa et l'ancienne Banco Español de Crédito. Des éléments comme des coffres-forts, transformés en vitrines ont d'ailleurs été conservés, ainsi que des milliers d'objets historiques.

Le restaurant *Dani Brasserie*, situé au dernier étage, avec aux commandes le chef étoilé Dani García, est à essayer absolument, tant pour sa cuisine méditerranéenne que pour sa vue panoramique sur les toits, et sa terrasse. Le bar *Isa* propose de son côté une cuisine asiatique moderne, accompagnée de cocktails. Enfin, *El Patio,* le bar du hall d'entrée, apporte une touche traditionnelle à travers une sélection de plats typiquement espagnols. C'est au *head bartender* de l'*Isa* que nous avons demandé de nous donner sa recette fétiche. Nul doute que l'ambiance feutrée du bar, avec ses confortables fauteuils carmin, vous fera oublie tous vos soucis le temps d'un cocktail.

MIGUEL PÉREZ

CHEF BARMAN DU *ISA RESTAURANT & COCKTAIL BAR*

"

Votre expérience en quelques mots

J'ai passé plus d'une décennie dans le monde des barmen et de l'hôtellerie. J'ai travaillé dans des bars et des restaurants et, depuis la pré-ouverture,, comme chef barman au *Four Seasons Hotel Madrid*, et, ces deux dernières années, au *Isa Restaurant & Cocktail Bar*, où j'ai eu l'occasion de fusionner différents styles de cuisine et d'allier ma passion pour les cocktails à un service de luxe.

Qu'est-ce qui vous plaît dans les cocktails ?

Ce que j'aime le plus, c'est la possibilité de raconter des histoires à travers les créations. Chaque cocktail a son histoire propre, et j'aime pouvoir exprimer ma créativité et surprendre les clients avec des présentations et des saveurs uniques.

Selon vous, quelle est la différence la plus notable entre un bar à cocktails et un bar d'hôtel de luxe ?

Je pense qu'au-delà de l'emplacement, c'est le concept qui est important. Il existe de grands bars à cocktails où le service, l'attention aux détails et la qualité sont soignés. Dans un bar d'hôtel de luxe, chaque aspect, du choix des ingrédients, des distillats, de la verrerie à la présentation des cocktails, est pris en compte méticuleusement, pour offrir une expérience unique et incomparable.

Comment décririez-vous la clientèle ?

La clientèle est très diversifiée, avec un mélange de locaux, d'étrangers et d'hôtes à la recherche d'une expérience unique et de grande qualité.

Quels sont les cocktails les plus consommés par les clients ?

Les cocktails classiques sont toujours à la mode mais, ces dernières années, on observe un intérêt croissant pour les cocktails signature. L'intérêt pour ces derniers s'accroît avec des propositions plus innovantes et personnalisées.

Quel est l'équilibre entre les cocktails classiques et vos propres créations ?

Au *Isa Restaurant & Cocktail Bar*, nous créons des cocktails créatifs, avant-gardistes et sophistiqués, sans oublier les racines de cet art. Sans connaître les structures classiques, il ne peut y avoir d'innovation.

Qui est responsable des spiritueux, de leur sélection et de leur gestion ?

Dans notre hôtel, chaque chef barman supervise la gestion des produits dans son bar, toujours sous la supervision du directeur de la restauration et du sommelier. La confiance et la compétence dans ce domaine ont été la clé de la réussite de l'entreprise. Nos produits sont pratiquement introuvables dans d'autres établissements.

Quel est votre alcool préféré ?

Mon alcool préféré est le whisky écossais. J'apprécie particulièrement la complexité des saveurs et l'histoire de chaque distillerie.

Votre ingrédient magique ?

La passion et le souci du détail. Je pense que ces qualités sont essentielles pour créer des expériences mémorables pour les clients.

Une anecdote amusante ?

Je n'ai pas pu en choisir une seule, les bars sont particulièrement enclins à ce genre de situation. Mais comme le disait le grand barman espagnol, Perico Chicote, « un barman doit toujours être discret ».

La demande la plus folle ?

Ce qui se passe à Vegas reste à Vegas ! »

LE HEIWA

PAR MIGUEL PÉREZ

Ingrédients
pour un cocktail

35 ml de tequila blanche

50 ml de boisson à l'ananas fermenté **1.**

15 ml de Sūpāsawā

10 ml de sirop d'agave

1. Ingrédients
pour la boisson fermentée à l'ananas

2,5 l d'eau

300 g de sucre en grains

1 ananas moyen

Ce cocktail est une revisite de Paloma, cette fois à l'ananas, le Paloma étant lui-même une sorte de Gin Tonic à la tequila et au pamplemousse. Fermentaire, fruité, terreux, gourmand, acidulé, le top, le voyage aux Amériques.

Instructions

1. Pour la boisson fermentée à l'ananas

- Mettre l'eau dans un bocal que l'on recouvrira d'un tissu en coton propre (type toile à fromage) et fermera avec un élastique.
- Ajouter le sucre et bien le dissoudre.
- Ajouter l'ananas coupé en morceaux sans l'éplucher.
- Recouvrir du tissu et fermer avec l'élastique.
- Laisser reposer dans un endroit sombre et sec, à une température constante comprise entre 20 et 30 °C, pendant 4 à 6 jours environ pour que la fermentation se produise.
- Filtrer, mettre en bouteille et conserver au réfrigérateur.

Pour le cocktail

- Déposer sur le bord d'un verre Highball du shichimi tōgarashi et mettre des glaçons.
- Mélanger tous les ingrédients, mettre en bouteille, réfrigérer à l'avance.
- Servir directement sur la glace.

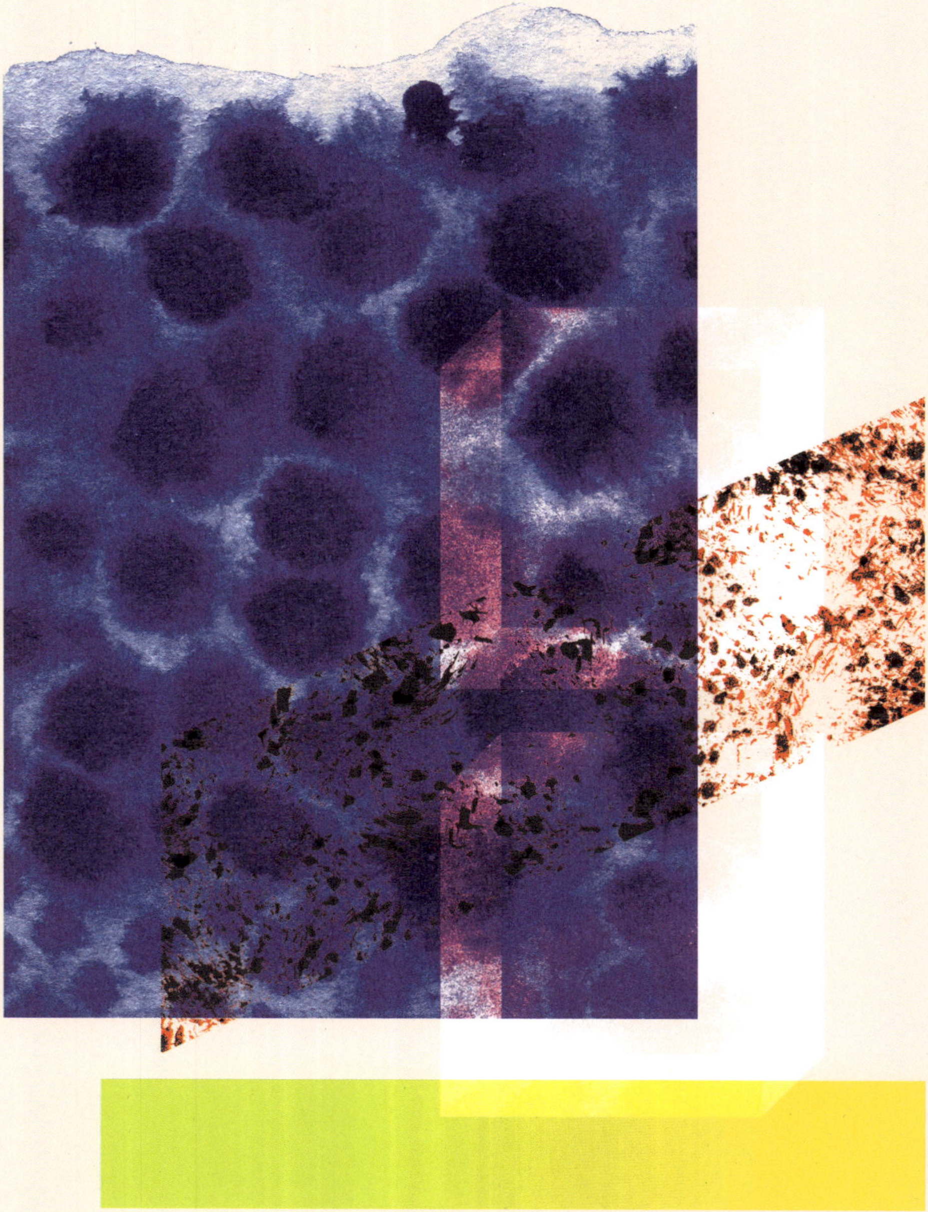

LE HEY YA !

RECETTE REVISITÉE DU HEIWA

Par Baptiste Bochet

Ingrédients

pour un cocktail

4 cl de tequila blanche[1]

1,5 cl de jus d'ananas

4 cl d'eau gazeuse

1,5 cl de jus de citron vert

1 cl de sirop d'agave

Piment d'Espelette
ou shichimi tōgarashi

Bien que la recette me semble relativement accessible, y compris la réalisation du tepache, la boisson fermentée à l'ananas. Toutefois, pour les gens pressés que nous sommes, voici ma version simplifiée, mais tout aussi bonne ! On va bien sûr remplacer la boisson fermentée à l'ananas par de… l'ananas ! Mais comme le tepache est gazeux, on va l'associer à de l'eau pétillante.

Pour le bord du verre, le chef barman utilise du shichimi tōgarashi, un mélange japonais de sept épices que vous pouvez voir sur le bord des tables de certains restaurants nippons. Ses ingrédients principaux sont un piment rouge peu puissant, des zestes d'agrumes, des graines de sésame, de pavot et de chanvre, une algue et des baies de Sansho ou d'Andaliman (pour le côté citronné).

Instructions

- Mouiller légèrement le bord du verre, puis le tremper dans le piment d'Espelette ou dans le shichimi tōgarashi.
- Assembler ensuite tous les ingrédients, sauf l'eau gazeuse, dans un grand verre.
- Y mettre de beaux glaçons puis mélanger pendant 20 secondes.
- Compléter avec l'eau gazeuse.
- Bonne dégustation !

1. Une Calle 23, Ocho ou encore une Patrón.

La Mamounia

DES COCKTAILS ÉTONNANTS AU CŒUR DE MARRAKECH

Lieu de villégiature mythique, prisé par les grands de ce monde (hommes d'État, acteurs et actrices...), La Mamounia *est une véritable institution. Ce qui ne veut pas dire que cet hôtel cinq étoiles aux allures de Palais des mille et une nuits est trop sage. Il suffit pour s'en convaincre de consulter sa carte des cocktails !*

Marrakech n'est pas la première destination qui vienne à l'esprit lorsqu'il s'agit de siroter un cocktail digne d'intérêt. Pourtant, la capitale marocaine est depuis des décennies une adresse particulièrement prisée par une clientèle internationale cosmopolite et haut de gamme. C'est tout naturellement que des chefs et des bartenders de renom sont venus s'y installer pour la satisfaire. C'est ainsi qu'on trouve à la carte de la *Mamounia Marrakech* des cocktails classiques, mais aussi de beaucoup plus intéressants, avec des ingrédients peu courants, comme le saké, et bien sûr une offre de cocktails sans alcool de très haute volée. Mais n'allons pas trop vite en besogne et revenons sur le lieu qui sert d'écrin à ces créations.

L'hôtel *La Mamounia* a ouvert ses portes en 1923. Il se trouve au cœur d'un jardin renversant, et s'adosse à des remparts de la médina datant du XIIe siècle. Il est donc en plein cœur de la vibrante cité.

Cette véritable institution marocaine a vu passer une foule de stars et de personnages historiques des XXe et XXIe siècles tels que les présidents américains Franklin Delano Roosevelt et Barack Obama, le Premier ministre anglais Winston Churchill, les acteurs français Alain Delon et Catherine Deneuve. Il a depuis connu plusieurs rénovations, notamment décidées par les rois Hassan II et Mohammed VI. La dernière (2023) lui a permis de s'adjoindre une œnothèque, ainsi qu'une salle de cinéma ! Aujourd'hui, il se présente aux voyageurs sous les traits d'un véritable palais oriental, avec ses arabesques, ses murs carrelés, ses plafonds drapés de soie, ses fontaines en marbre…

UNE OFFRE DE RESTAURATION PLÉTHORIQUE ET LUXUEUSE

Ce n'est pas moins de quatre restaurants (et un brunch) qui vous attendent à *La Mamounia*. On y sert bien sûr des plats traditionnels marocains composés par le chef Rachid Agouray *(Le Marocain)*, deux restaurants au raffinement inouï à la cuisine signée Jean-Georges Vongerichten *(L'Italien* et *L'Asiatique)*. Sans oublier le restaurant de la piscine ! Vous retrouverez également les délices sucrées et salées de Pierre Hermé au salon de thé *Menzeh*. Les bars ne sont pas en reste, du *Club* où les romantiques apprécieront le coucher du soleil au *Bar de la piscine* pour les amoureux du farniente, en passant par *Le Churchill* où déguster du caviar avec une bouteille de champagne d'une cuvée exceptionnelle et *Le Majorelle* où l'on veut voir ou être vu… déguster un Nihonshu ou un Beldi (sans alcool).

NICOLAS EVERRARD

DIRECTEUR DES BARS DU *MAMOUNIA MARRAKECH*

“

Avez-vous eu une expérience en restauration avant ?

Lors de ma formation en école hôtelière, j’ai travaillé au restaurant *L’Espadon du Ritz* – j’y ai eu mes premiers contacts avec le monde du bar, et plus particulièrement des bars de palace, ce qui m’a fortement séduit. J’ai alors décidé d’orienter mon parcours dans cette direction. J’ai aussi eu l’occasion de travailler au *Métropole*, à Monaco, lors d’une saison et d’y diriger le restaurant *Odyssey*. Un magnifique concept alliant le design de Karl Lagerfeld à la direction du chef Joël Robuchon. Par la suite, j’ai eu l’occasion de prendre la direction de la restauration d’un boutique-hôtel dans la palmeraie de Marrakech, *Les Deux Tours*.

Aviez-vous déjà travaillé dans un bar à cocktails ?

Non. Je les fréquentais seulement avec mes amis à l’heure de l’apéritif…

Qu’est-ce qui vous plaît dans les cocktails ?

L’immense variété des possibles. On peut trouver toutes sortes de goûts, d’arômes, de parfums, de textures avec plus ou moins de puissance ou de subtilité. Mais au-delà des cocktails, c’est tout un univers qui se cache derrière. L’artisanat, l’agriculture, la production de spiritueux, la connaissance des plantes, des règles de production et bien d’autres choses encore. Sans oublier la technique, les connaissances et surtout l’étiquette, le savoir-vivre. Le monde du bar n’a rien du cliché du vieux barman, un torchon sur l’épaule, qui sert des bières à la pression à longueur de journée.

Pourquoi avoir postulé dans un hôtel de luxe ?

J’ai toujours eu le goût des belles choses et j’apprécie d’évoluer dans ce domaine. Cela me permet de continuer d’évoluer et d’apprendre. Tout en partageant mon temps avec des personnes très intéressantes et très inspirantes.

Selon vous, quelle est la différence la plus frappante entre un bar à cocktails et un bar de palace ?

Il y a une certaine forme de liberté dans les bars classiques, qui permet plus de réactivité avec moins de poids d’un point de vue hiérarchique.

A contrario, cela peut nuire à la créativité ou encore à l'originalité pour des raisons X ou Y de productivité, de rentabilité ou autre. Mais cela s'arrête là… J'aimerais plutôt que l'on parle de la différence entre un bon bar et un mauvais bar ! Qu'il soit dans un palace ou ailleurs. Ça, c'est un bon sujet…

Comment décririez-vous la clientèle des bars de la *Mamounia Marrakech* ?

Une clientèle étrangère en grande majorité, mais aussi locale, aisée, plutôt âgée, mais qui a tendance à rajeunir. Nous sommes amenés à ce constat, car notre destination est très touristique qui a le vent en poupe et qui insuffle pour beaucoup un rêve d'Orient. Nous venons de célébrer les cent ans de l'hôtel et sommes prêts à accueillir encore un grand nombre de voyageurs, déterminés à découvrir cette légende du Maroc qu'est *La Mamounia*.

Les cocktails les plus consommés par les clients ?

Nous avons un regain de consommation de cocktails plutôt secs.

La répartition entre cocktails classiques et vos créations ?

Les créations représentent la majeure partie des cocktails proposés sur nos cartes. Il est très important pour nous de marquer nos bars d'une empreinte forte en termes de créativité et d'originalité. Nous sommes sur un marché qui se développe bien, mais qui a encore beaucoup de retard en comparaison avec les grandes capitales du monde du cocktail. Cependant notre clientèle internationale est très demandeuse de découverte et de dépaysement. À mon sens, les cocktails classiques sont bien sûr très importants sur une carte. La « culture cocktail » n'est pas la même dans chaque pays. Il est important de pouvoir éduquer sa clientèle locale à la consommation de bons cocktails préparés avec l'art et la manière, avec des ingrédients de qualité. Il faut rappeler aussi que les modes et les tendances peuvent faire disparaître ou remettre au goût du jour certains classiques. Il n'y a pas si longtemps c'était un peu *old school* de commander un

Americano ou un *Negroni*... Maintenant c'est hyper-tendance. Au même titre qu'inciter sa clientèle à découvrir des cocktails classiques, il est bon de distiller aussi ces classiques sous forme de rappel pour les barmen travaillant dans les bars.

Votre alcool préféré ?

J'en ai plusieurs. J'apprécie bien volontiers les whiskys, puisque j'ai géré à Bruxelles, pendant quelques années, un magnifique bar à whiskys. Où je proposais une sélection très importante de producteurs indépendants. J'adore les liqueurs de plantes, en particulier les chartreuses et la bénédictine. L'amer en général. Mais le gin est certainement mon spiritueux de prédilection

Votre ingrédient magique ?

La cardamome et le safran.

Y a-t-il quelqu'un que vous avez particulièrement eu le plaisir de servir ?

J'ai eu la chance de servir beaucoup de personnalités au long de ma carrière... Des anecdotes, j'en ai beaucoup, mais je préfère les garder pour moi pour des raisons de confidentialité. Toutefois je partagerai bien volontiers un moment très sympathique. À l'époque, nous n'avions plus de piano dans notre bar, c'était un peu *has been* les pianos-bars.
Nous avons reçu la demande de réinstaller le piano pour une soirée. Très compliqué ! Le service technique a dû démonter les encadrements des portes, etc. Nous nous sommes exécutés et avons préparé le bar pour le retour du concert d'un artiste très connu. Bien évidemment, nous savions qui séjournait à l'hôtel. Le bar était donc privatisé. Nous avons accueilli Prince et nous avons eu la chance de partager un moment hors du temps avec lui et son équipe. Il a joué au piano et nous a fait vivre un moment extraordinaire ; j'imagine que beaucoup de fans auraient payé très cher pour en être.

N'étant pas très star-system, je ne suis pas impressionné par les personnalités que je croise. Mais je pense que ma plus belle rencontre fut avec Bruce Willis au bar de *La Mamounia*. Une personne solaire qui dégage vraiment quelque chose d'incroyable. Lors de son entrée dans notre bar, j'ai pu voir toutes les têtes se retourner, l'accompagnant dans sa marche vers sa table.

La demande la plus farfelue ?

Le Louis XIII avec du Coca-Cola®, ça m'énerve profondément !

»

LE NIHONSHU

PAR NICOLAS EVERRARD

Ingrédients

7 cl de saké

5 cl de gin Malfy

2 cl de jus de citron

2 cl de sucre de canne

1 cl d'eau parfumée au wasabi (16 g pour 100 g d'eau)

Mousse de riz au jasmin

Micro-pousses de shiso

Japonisant jusqu'à son nom, ce cocktail sera intense et délicat, fruité et végétal, le wasabi employé va se faire sentir. La fraîcheur du saké, attendu sur la poire et le fruit du jacquier, ira de consort avec le gin Malfy, très parfumé au citron de la côte amalfitaine du côté de Naples. Le shiso, que je vous recommande d'ajouter et de manger apporte ponctuellement son côté basilic anisé pour rafraîchir la bouche et lier le wasabi au restant des arômes.

Instructions

- Mélanger le tout au shaker.
- Servir dans un verre type coupette, avec des micro-pousses de shiso.

LE BELDI

(SANS ALCOOL)

PAR NICOLAS EVERRARD

Ingrédients

10 cl de jus d'orange fraîchement pressé

10 cl de jus de mangue

3 cl de jus de citron

2 cl de sirop de boutons de rose de Damas (maison)

2 cl de sirop de pastèque

200 g de glaçons

Thym frais

La qualité de vos jus de fruits va déterminer celle de votre cocktail. La rose sera discrète mais présente en fin de bouche. Le thym viendra soutenir les délicates notes florales du cocktail et amener de la structure au cocktail.

Instructions

- Passez le tout au blender. Le cocktail doit avoir une texture légèrement granitée.
- Servir dans un mug en terre cuite.
- Ajouter une rondelle d'orange séchée, une feuille d'ananas et une rose séchée.

LE CAMÉO

RECETTE REVISITÉE DU NIHONSHU

Par Baptiste Bochet

Ingrédients
pour un cocktail

9 cl de pisco[1]

3 cl de saké Daiginjo

1 cl de bourbon[2]

0, 75 cl de sirop de sucre simple

Un cocktail plus que jamais floral et frais où le pisco et le saké dansent au centre de la piste. Le bourbon va bien dans le paysage, apporte une pointe de structure et une délicate note de violette. Le sucre est là au cas où vous trouveriez l'opération mal orchestrée. N'hésitez pas à ajuster sa quantité en fonction de votre sensibilité.

Instructions

- Au verre à mélange, assemblez les ingrédients du cocktail.
- Mélangez 30 secondes à la cuillère, puis servez dans votre plus belle coupette cocktail ou verre à martini.
- Décorez d'un zeste de citron qui viendra lui apporter la fraîcheur des agrumes.

1. Prenez un pisco très floral, très aromatique type Waqar.

2. Buffalo trace ou Four Roses.

L'Atlantis, The Palm

PLONGEZ SOUS LA SURFACE POUR DÉGUSTER UN OCEAN NEGRONI

Ce gigantesque complexe ayant pour thèmes l'océan et la vie sous-marine trône à la pointe de l'archipel artificiel Palm Jumeirah à Dubaï et propose une carte de cocktails innovante et maîtrisée.

Comme son nom l'indique, *l'Atlantis, The Palm,* se trouve sur le Palm Jumeirah, une île artificielle en forme de palmier qui a été construite entre 2001 et 2009. Premier hôtel à ouvrir dès 2008, l'*Atlantis, The Palm* trône sur l'anneau qui entoure les treize palmes de ce gigantesque ensemble. Les deux tours de vingt-trois étages et leur bâtiment central font face à la mer d'Oman d'un côté, au Palm Jumeirah et à la côte de l'émirat de Dubaï de l'autre.

TRENTE-CINQ RESTAURANTS

Vous l'aurez compris, séjourner à l'*Atlantis, The Palm*, c'est vivre une expérience immersive. De fait, si vous le souhaitez, vous n'aurez pas à quitter ce complexe aux allures de petite ville ! D'autant que l'offre de restauration est, elle aussi, ébouriffante.

« Nous comprenons que nos clients ne recherchent pas seulement une boisson, mais une expérience qui transcende les frontières. »

Les clients peuvent en effet choisir parmi trente-cinq restaurants de renommée mondiale, dont *Bread Street Kitchen & Bar, Street Pizza, Hakkasan, Nobu, En Fuego, Seafire Steakhouse & Bar*. Et, bien sûr, le restaurant sous-marin étoilé, *Ossiano*. Où nous vous conseillons d'aller déguster un Ocean Negroni en compagnie des poissons, car c'est à la fois un restaurant et un aquarium !

Pour terminer sur le thème de l'immersion, Atlantis abrite également une vie nocturne animée avec le *Wavehouse*, tandis que le *WHITE Beach* est l'endroit idéal pour se détendre avec un verre pendant que le soleil se couche sur la mer d'Oman.

GASTON GACINYA

CHEF BARMAN DE L'*OSSIANO*

«

Quel est votre parcours en quelques mots ?

Je m'appelle Gaston Gacinya, je suis diplômé de l'enseignement secondaire et j'ai une dizaine d'années d'expérience dans le secteur de l'hôtellerie et de la restauration. Au fil des ans, j'ai perfectionné mes compétences en tant que serveur et stagiaire et, depuis quatre ans, je fais le bonheur des clients en tant que barman. J'apporte une grande connaissance des combinaisons de boissons, un engagement pour un service à la clientèle exceptionnel et un enthousiasme contagieux pour la création d'expériences mémorables. Mon bar est toujours propre et organisé, et je m'efforce de créer une atmosphère chaleureuse et accueillante pour chaque client.

Aviez-vous déjà travaillé dans un restaurant ?

Tout à fait ! J'ai passé six ans sur le terrain à maîtriser l'art de fournir un service impeccable et à veiller à ce que chaque client se sente comme un roi.

Avez-vous déjà travaillé dans un bar de rue ?

Je n'en ai pas encore eu l'occasion, mais j'aime les nouvelles expériences et j'apporte mon expertise à n'importe quel environnement.

Qu'aimez-vous dans les cocktails ?

Les cocktails sont ma passion ! J'adore l'art qui consiste à mélanger différents spiritueux et saveurs. De l'élaboration de sirops complexes à la sélection de la verrerie parfaite, chaque élément d'un cocktail est l'occasion de créer quelque chose de vraiment extraordinaire.

Pourquoi avez-vous postulé dans un hôtel de luxe ?

Les hôtels de luxe offrent des possibilités inégalées d'évolution et de développement personnels, ce qui me permet d'affiner mes compétences en matière de service irréprochable à la clientèle. En outre, travailler dans un hôtel de luxe ouvre la voie à des contacts précieux qui peuvent façonner une carrière réussie dans le secteur de l'hôtellerie et de la restauration. C'est la plateforme idéale pour mettre en valeur mes talents et faire une impression durable sur chaque client que je servirai.

Parlez-nous du restaurant

Le restaurant *Ossiano*, une étoile Michelin, propose une cuisine raffinée et progressiste qui rend hommage aux richesses de l'océan et des terres côtières. Dirigé par le célèbre chef Grégoire Berger, le menu dégustation de onze vagues du restaurant est guidé par le respect de Berger pour la saisonnalité, le terroir et la récolte en mer. *Ossiano* est considéré comme l'une des destinations gastronomiques les plus uniques et les plus belles du pays. Dès leur arrivée, les convives se retrouvent à l'autre bout du monde : ils descendent dans la salle à manger souterraine par un grand escalier et s'immergent à dix mètres de profondeur dans un aquarium particulièrement impressionnant ! L'*Ossiano* a été classé 87e meilleur restaurant du monde dans le classement The World's 50 Best Restaurants 2023. Il s'est également classé quatrième et meilleur nouvel établissement dans le classement 2023 Middle East and Africa's 50 Best Restaurants.

Comment décririez-vous le bar ?

Il propose une gamme exceptionnelle de boissons qui complètent les délices culinaires du restaurant.
Nous élaborons des cocktails qui sont aussi impressionnants visuellement que délicieux. Le bar s'enorgueillit d'une vaste sélection de spiritueux de premier choix, de vins sélectionnés et de liqueurs rares, ce qui permet de répondre avec précision aux préférences de chaque convive.

Que vous souhaitiez un cocktail classique ou une création innovante, le bar de l'*Ossiano* s'engage à vous faire vivre une expérience inoubliable, en complément de votre repas.

Selon vous, quelle est la différence la plus frappante entre un bar à cocktails classique et un bar d'hôtel de luxe ?

Les principales différences entre un bar de rue et un bar d'hôtel de luxe résident dans l'atmosphère, le service, la sélection de boissons et l'exclusivité. Les bars d'hôtels de luxe proposent un vaste choix de boissons sélectionnées, avec des spiritueux rares et des cocktails artisanaux préparés avec les meilleurs ingrédients. Ils se surpassent pour offrir un service personnalisé et attentif, en anticipant les besoins et les préférences de chaque client.

Comment décririez-vous la clientèle ?

La clientèle de l'*Ossiano* est un mélange varié d'étrangers et de locaux, de jeunes et de moins jeunes, unis par leur amour commun des expériences culinaires extraordinaires. Les étrangers viennent pour quelque chose de différent, les locaux pour quelque chose de spécial, les jeunes pour quelque chose de fantastique ou de nouveau, les plus âgés pour le spectacle de nos talents, et la clientèle classique pour une touche de créativité.

Quels sont les cocktails les plus consommés par les clients ?

Le Martini, le Negroni et le Old fashioned.

Quel est l'équilibre entre les cocktails classiques et vos propres créations ?

Nous trouvons l'équilibre parfait entre les classiques intemporels et nos propres créations innovantes. Notre carte propose une gamme de cocktails signature qui apportent une touche unique à des plats familiers, en incorporant des éléments inspirés par l'océan et notre flair créatif, en accord avec le thème du restaurant lui-même.

Comment votre carte de cocktails est-elle élaborée ?

À *l'Ossiano*, nous sommes fiers de notre carte de cocktails, qui propose une sélection variée de boissons inspirées par les saveurs et les styles du monde entier. Nous comprenons que nos clients ne recherchent pas seulement une boisson, mais une expérience qui transcende les frontières. C'est pourquoi nous sommes toujours à la recherche de quelque chose de différent, de créatif, de quelque chose qui vous intéressera vraiment. Que vous préfériez les cocktails classiques ou les créations uniques, notre carte a quelque chose à offrir à chacun. Nous utilisons des ingrédients frais et de saison pour garantir une dégustation vivante et dynamique. Et pour ceux qui préfèrent les options sans alcool, nous proposons une gamme de délicieux mocktails.

Quel est votre alcool préféré ?

La vodka. C'est le spiritueux que j'utilise le plus pour préparer des cocktails fantastiques.

Quel est votre ingrédient magique ?

Lorsqu'il s'agit d'ajouter une touche spéciale à mes cocktails, j'aime utiliser le Campari et le Vermouth Rosso. Ils apportent un profil de saveurs unique et envoûtant à n'importe quelle boisson.

Quelle est votre définition d'un bon cocktail ?

Un bon cocktail est un mélange artistique de spiritueux et d'autres ingrédients exquis. C'est une harmonie de saveurs qui dansent sur votre palais et vous donnent envie d'une nouvelle gorgée. Des sirops infusés aux amers aromatiques, un bon cocktail est un chef-d'œuvre dans un verre.

Y a-t-il une personne en particulier que vous avez eu le plaisir de servir ?

J'ai le plaisir de servir tous ceux qui viennent au bar, de rencontrer de nouvelles personnes et d'engager la conversation avec elles. Comme nous avons beaucoup de clients internationaux, il est toujours très intéressant d'entendre parler de leurs voyages et de leurs expériences. En fin de compte, je pense que c'est ce qui donne au service et au bar une touche personnelle.

Avez-vous une anecdote amusante à nous confier ?

Lorsque j'ai commencé à travailler au bar, il m'arrivait de chercher sur Google des recettes de cocktails classiques pour m'assurer de les réussir. C'était une expérience d'apprentissage qui ajoutait une touche d'excitation à mes débuts.

La demande la plus folle d'un client ?

Une demande mémorable a été celle d'un invité qui nous a demandé de transformer sa boisson alcoolisée prémélangée préférée en une version sans alcool. Nous avons réussi à créer un mocktail qui reprenait toutes les saveurs sans l'alcool. Un autre invité a demandé une boisson au gingembre qui ne soit pas épicée, alors nous avons créé une boisson rafraîchissante qui équilibrait la douceur et l'arôme tout en minimisant les épices. Ces demandes ont mis en évidence notre créativité et notre engagement à satisfaire nos clients. »

Le bar de l'*Ossiano*.

L'OCEAN NEGRONI

PAR GASTON GACINYA

Ingrédients

3 cl de Campari

3 cl de Vermouth Rosso

3 cl d'un gin délicatement distillé avec des algues wakamé, spécifique à l'établissement

En 1919, au café Casoni *(aujourd'hui* café Giacosa*) de Florence, en Italie, un barman novateur du nom de Fosco Scarselli s'est vu proposer un défi : améliorer l'Americano, un cocktail classique. S'inspirant du vibrant spiritueux italien, il ajouta sans hésiter une giclée de gin et l'agrémenta d'une tranche d'orange rafraîchissante. Il était loin de se douter que cette concoction audacieuse changerait à jamais la scène des cocktails. Il fut alors baptisé le Negroni, en l'honneur du patron de son créateur, Camillo Negroni. Cette boisson emblématique incarne le mélange parfait d'histoire, de créativité et de saveurs alléchantes, ce qui en fait un favori intemporel parmi les amateurs de cocktails du monde entier. Avec cette version, on attend un Negroni savamment exécuté avec les algues qui tireront leur épingle du jeu en apportant ces embruns qu'on aime tant et qui nous font aller sur les côtes bretonnes et normandes en plein mois de janvier. Avec cette version, on attend un Negroni savamment exécuté avec les algues qui tireront leur épingle du jeu en apportant ces embruns qu'on aime tant et qui nous font aller sur les côtes bretonnes et normandes en plein mois de janvier. Cette version du cocktail est un voyage envoûtant dans les profondeurs de la saveur, inspiré par l'immensité de l'océan qui entoure le bar.*

Instructions

- Mélanger tous les ingrédients au verre.
- Ajouter des glaçons.
- Mélanger pendant 15 secondes à la cuillère.

L'OCTOPUS GARDEN

RECETTE REVISITÉE DU OCEAN NEGRONI

Par Baptiste Bochet

Ingrédients

pour un cocktail

4 cl d'une bonne tequila ou d'un bon gin

0,5 cl de sauce soja[1]

0,5 cl de vinaigre de riz

8 cl de thé vert japonais sencha ariake

feuilles de céleri (garniture)

Une sorte de Bloody Mary mais sans le lourd velours de la tomate. Choisissez de bons ingrédients, prenez-les subtils car ce cocktail ne tolère pas l'exubérant. Délicieusement déroutant. C'est le thé vert sencha qui va apporter une note iodée et saline.

Instructions

- Assembler les ingrédients directement dans un grand verre.
- Ajouter beaucoup de glaçons jusqu'à arriver à environ 1 cm du bord du verre.
- Mélanger 15 secondes à la cuillère.
- Décorer avec une feuille de céleri.

1. Idéalement de ponzu, une sauce composée notamment de sauce soja et d'agrumes.

Le Royal Livingstone Hotel

DÉGUSTEZ UN LUNAR PHENOMENA AU BORD DES CHUTES VICTORIA

C'est à un véritable safari chic, voire luxueux, que vous convie cet hôtel zambien. La faune locale est littéralement à votre porte (des zèbres notamment), les chutes Victoria sont au fond du jardin, et l'offre de cocktail est particulièrement inventive.

C'est en Zambie, pays se situant au sud de l'Afrique, entre le Mozambique, le Botswana, l'Angola et la République démocratique du Congo que nous vous emmenons à présent. Plus précisément au cœur du parc national Mosi-oa-Tunya, sur les rives du fleuve Zambèze, à quelques encablures des époustouflantes chutes Victoria. Merveille de la nature à laquelle les clients complexe ont un accès à pied (elles sont littéralement au bout du jardin), gratuit et illimité, et qu'il est d'ailleurs possible de survoler en hélicoptère ou en ULM (mais c'est payant) !

« Le duo de sommelier et de barman Lucky et Augustin embarque les clients avec leurs cocktails, vins ou spiritueux d'exception, pour un voyage le long du fleuve Zambèze. »

LE MEILLEUR DES COCKTAILS ET DES SPIRITUEUX

L'hôtel est aussi connu pour son offre gastronomique. Il dispose de restaurants au sens traditionnel du terme, comme le *Kubu*, le *Mukuni Boma*, ou le *Old Drift*, servant des plats d'inspiration africaine, zambienne ou européenne, avec des ingrédients locaux.

Mais comme d'habitude, ce qui nous intéresse en priorité, c'est le bar de l'hôtel : le *Travellers Bar* ! Avec ses boiseries, ses sièges en cuir, ses éléphants aux murs et son piano, il dégage une ambiance vraiment particulière. Le duo de sommelier et de barman Lucky et Augustin embarque les clients avec leurs cocktails, vins ou spiritueux d'exception, pour un voyage le long du fleuve Zambèze, chaque gorgée révélant les trésors cachés de ce pays enchanteur. Pour Lucky et Augustin, créer des cocktails est plus qu'un simple travail : c'est une passion qui alimente leur créativité et les pousse à l'excellence. Et si les demandes les plus folles peuvent mettre leur détermination à l'épreuve, ce sont les rires et la camaraderie partagés avec les clients qui rendent vraiment inoubliable chaque moment passé derrière le bar.

GIN
24
24

LUCKY NHKZAI

CHEF BARMAN DU *TRAVELLERS BAR*

"

Avez-vous une expérience dans la restauration ?

Oui, j'ai déjà eu l'occasion de travailler dans un restaurant, et cette expérience s'est révélée à la fois dynamique et enrichissante. Cette expérience comprend le contact avec les clients, le service des aliments et des boissons, la satisfaction des clients et la collaboration étroite avec les chefs, les serveurs, les barmans et les autres membres du personnel pour assurer la continuité des opérations et fournir un service exceptionnel.

Avez-vous déjà travaillé dans un bar de rue ?

J'ai eu l'occasion de servir dans des installations temporaires situées dans des lieux très fréquentés comme les stades. Dans ces lieux, l'accent était mis sur un service rapide, sur le pouce, favorisant une atmosphère animée en plein air pour les clients.

Pourquoi avez-vous voulu travailler dans un hôtel de luxe ?

L'attrait d'un hôtel de luxe réside dans son engagement en faveur de l'excellence et dans ses programmes de formation complets. Cherchant à développer mes compétences et mes connaissances dans le secteur de l'hôtellerie, j'y ai vu une opportunité d'évolution de carrière et de réussite dans un environnement aussi prestigieux.

Selon vous, quelle est la différence la plus frappante entre un bar de rue et un bar d'hôtel de luxe ?

Alors qu'un bar de rue incarne généralement une atmosphère décontractée, avec un décor éclectique et un accent mis sur la créativité, un bar d'hôtel de luxe offre une expérience élevée, imprégnée d'élégance et de sophistication. Ici, les clients sont enveloppés d'une aura de luxe, avec un service impeccable et un accent mis sur l'exclusivité.

Parlez-nous de votre bar. Comment le décririez-vous ?

Notre bar respire le glamour et la sophistication, grâce à une esthétique d'inspiration coloniale marquée par l'opulence et l'indulgence. De l'élégance raffinée de nos luminaires à l'éventail impressionnant de liqueurs de premier choix et de spiritueux rares, chaque détail a été méticuleusement choisi pour offrir une expérience de consommation inégalée. Nos mixologues élaborent des cocktails artisanaux à partir d'ingrédients uniques et de techniques innovantes, garantissant un service impeccable et un souci du détail à chaque instant.

Comment décririez-vous la clientèle ?

Notre clientèle est très variée et comprend aussi bien des résidents locaux que des voyageurs internationaux, de tous âges et de tous intérêts. Nous nous adressons à ceux qui recherchent à la fois des classiques et des créations innovantes, en veillant à ce que chaque client trouve quelque chose qui ravisse son palais. Il est essentiel de comprendre et de satisfaire leurs diverses préférences pour leur offrir un service exceptionnel et créer des souvenirs mémorables.

Quels sont les cocktails les plus consommés par les clients ?

Parmi notre clientèle exigeante, certains classiques résistent à l'épreuve du temps. De la vivacité d'une Margarita à la fraîcheur revigorante d'un Mojito, ces cocktails emblématiques ne cessent de captiver les sens. Mais nos hôtes sont aussi ravis d'explorer notre collection de concoctions emblématiques.

Quel est l'équilibre entre les cocktails classiques et vos propres créations ?

Trouver l'équilibre parfait entre les cocktails classiques et les créations originales est essentiel pour préserver l'identité et l'attrait de notre bar. Nous explorons en permanence de nouveaux ingrédients et de nouvelles techniques, en nous inspirant à la fois de la tradition et de l'innovation pour créer des cocktails qui correspondent aux préférences de nos clients et qui rehaussent leur expérience de la boisson. Au cœur de notre menu se trouve le cocktail Lunar Phenomena, un hommage au rare spectacle d'un arc-en-ciel lunaire, dont on ne peut être témoin qu'aux chutes Victoria, à la lumière de la pleine lune.

Quelqu'un que vous avez eu le plaisir de servir ? Une anecdote amusante ?

Un moment particulièrement mémorable a été celui où j'ai été témoin de la joie d'un client alors qu'il savourait un cocktail méticuleusement préparé. Le plaisir sincère et le rire communicatif de nos clients témoignent de la capacité d'un service exceptionnel et de libations savamment élaborées à créer des expériences mémorables.

La demande la plus folle ?

Nous avons dû aider un client fortement alcoolisé en le guidant doucement jusqu'à la piscine pour l'aider à reprendre conscience. Bien qu'il s'agisse d'une demande inhabituelle, notre engagement à assurer la sécurité et le bien-être des clients est resté primordial.

Qu'aimez-vous dans les cocktails ?

Les cocktails présentent un éventail séduisant de profils de saveurs, allant du sucré et du fruité à l'audacieux et à l'amer. L'art de la mixologie permet une créativité et un savoir-faire infinis, chaque cocktail ayant sa propre recette et sa propre présentation. C'est une voie passionnante pour l'exploration et l'innovation.

Quel est votre spiritueux préféré ?

Mon alcool préféré est l'Iconic African Gin.

Votre ingrédient magique ?

Pour moi, l'ingrédient secret qui ajoute une touche de magie aux cocktails est le Falermum au citron.

Quelle est votre définition d'un bon cocktail ?

Selon moi, un bon cocktail est un cocktail qui présente un équilibre parfait entre les saveurs, qui est visuellement attrayant et qui est élaboré avec un soin et une précision méticuleux.

»

LE LUNAR PHENOMENA

PAR LUCKY NHKZAI

Ingrédients

2,5 cl d'Iconic African Gin[1]

2,5 cl de rhum à la noix de coco (Malibu)

2,5 cl de liqueur de cacao blanc

1 cl de Vermouth Bianco

2,5 cl de jus de citron frais

2,5 cl d'Aquafaba 25

Une sorte de mousse coco rafraîchie aux agrumes et aromates.
Un ajustement de saveurs entre l'acidité et le sucre sera peut-être nécessaire car la noix de coco est très capricieuse à ce sujet.

Instructions

- Mélanger tous les ingrédients au shaker.
- Commencer par un *wet shake*[2] . Puis un dry shake.
- Filtrer et servir dans un verre.

1. L'Iconic African Gin est un gin fabriqué en Zambie avec la précision suisse. Ce gin mérite certainement d'être connu même s'il est très compliqué de le trouver en France. Selon ses créateurs, il semble très porté sur les notes de genièvre, d'agrumes et de fleurs.
2. Le terme wet shake est né de la volonté de se distinguer du dry shake (le fait de secouer le cocktail sans glace, bien souvent pour émulsionner le mélange avant de le refroidir). Le wet shake est simplement le fait de secouer le cocktail avec des glaçons.

LE MIRRIE PHENOMENA

RECETTE REVISITÉE DU LUNAR PHENOMENA

Par Baptiste Bochet

Ingrédients

pour un cocktail

2,5 cl de whisky écossais

2,5 cl de rhum à la noix de coco (Malibu) – pour respecter la recette originale

2,5 cl de liqueur de cacao blanc

1 cl de vermouth blanc comme un Dolin blanc

2,5 cl de jus de citron frais

1 zeste de citron

La gourmandise et la légèreté d'un whisky écossais iront à merveille avec le restant de la recette alors pourquoi s'en priver. Enfilez votre toque et devenez pâtissier liquide le temps d'une conception et d'une dégustation. Un métier qui a de l'avenir.

Instructions

- Mélanger les ingrédients directement au shaker, sur glaçons.
- Filtrer à l'aide d'une passoire fine, puis servir dans une grande coupette cocktail ou un verre à martini.
- Décorer d'un cercle de zeste de citron à exprimer sur le cocktail. Ce cercle symbolise la lune.

Astuces

Pour le whisky, si vous n'avez pas d'Hedonism, choisissez un whisky blend léger de qualité. On souhaite des notes vanillées et caramélisées. Si toutefois vous vouliez vous essayer au gin, prenez du Gin Citadelle par exemple. Sinon, vous pouvez le remplacer par un bourbon léger type Bulleit bourbon. À défaut, prenez votre bon vieux Four Roses qui fera le travail parfaitement.

Le Singita Sweni Lodge

DÉGUSTEZ UN KRUGER COLADA AU PLUS PRÈS DES LIONS

Ce « lodge » *situé en plein cœur du parc national Kruger à l'extrême est de l'Afrique du Sud vous fera vivre des expériences inoubliables en pleine nature. Le lieu abrite aussi un restaurant avant-gardiste, une cave à vin unique et un excellent bar à cocktails !*

Direction maintenant le parc national Kruger en Afrique du Sud, dans la réserve privée que le groupe Singita (qui préserve les espaces naturels africains) a aménagée. Le maître mot de cet hôtel de poche (sept suites seulement) est la communion avec la nature. On y trouve donc principalement des matériaux naturels, et le bâtiment lui-même est conçu pour se fondre dans son environnement arboré. Tout est pensé en fonction de l'incroyable panorama qui se dresse alentour.

« Le Singita Sweni Lodge abrite une école culinaire communautaire qui forme certains des meilleurs cuisiniers et chefs d'Afrique du Sud. »

UNE CUISINE ET UN BAR AVANT-GARDISTE

Le *Singita Sweni Lodge* abrite une école culinaire communautaire qui forme certains des meilleurs cuisiniers et chefs d'Afrique du Sud. Il est d'ailleurs possible d'y suivre un cours de cuisine pendant votre séjour. Le lodge Lebombo et le lodge Sweni qui se trouvent à quelques minutes l'une de l'autre, partagent un restaurant où on peut venir se restaurer à toute heure. Le chef exécutif Andrew Nicholson et le chef résidant Liam Tomlin, y expérimentent leur approche novatrice de la cuisine. Les déjeuners au *Singita Sweni Lodge* comprennent neuf plats différents, mettant en vedette des techniques de cuisson telles que le grillage, le fumage, la salaison, la marinade, le marinage et la fermentation. Pour le dîner, un menu d'assiettes à partager met en valeur les cinq goûts différents (umami, amer, salé, aigre-doux) et encourage les accords mets-vins audacieux. Le *Singita Sweni Lodge* est également connu sur le continent pour sa très belle collection de grands crus. Quoi de mieux que de déguster un délicieux verre de vin sous un ciel étoilé ? Eh bien de siroter un cocktail maison bien sûr ! Car le lieu est aussi reconnu pour son *Sweni Marble Bar* et sa carte de cocktails qui fait la part belle à la création et aux produits (notamment les fruits) frais.

DARREN VAN DER MERWE

LODGE MANAGER DU *SINGITA SWENI LODGE*

“

Comment est élaborée votre carte de cocktails ?

Notre carte de cocktails est élaborée en s'inspirant de l'essence du temps passé dans le bush. Nous avons cherché à allier simplicité et saveur, à évoquer des souvenirs et à favoriser la relaxation. La carte a été créée pour améliorer votre expérience dans la nature sauvage, en proposant des boissons qui font vibrer les papilles et résonnent avec la tranquillité de la nature. Chaque concoction est soigneusement étudiée pour compléter les plats dégustés et votre expérience. Elle résulte d'une collaboration étroite au sein de l'équipe d'accueil. Contrairement aux établissements traditionnels, nous n'avons pas de chef barman attitré. Au lieu de cela, toute l'équipe est rompue à la mixologie et prend plaisir à créer des boissons uniques. Chaque cocktail naît de l'inspiration créative de quelqu'un et, après quelques ajustements, il gagne sa place sur notre carte. Bien que nous proposions une sélection de cocktails signature, notre équipe est tout aussi compétente pour préparer tous les classiques, ainsi que pour personnaliser les boissons pour les clients.

Parlez-nous de votre bar. Comment le décririez-vous ?

« Unique » est le mot qui vient à l'esprit directement. Imaginez des couleurs vibrantes, des formes intrigantes et une ambiance sereine, avec pour seul décor les bruits de la brousse. Le *Marble Bar* est niché au bord de la rivière Sweni.

La plupart du temps, lorsque vous siroterez vos cocktails au bar, vous aurez droit à la visite d'un groupe d'hippopotames, ce qui de temps à autre interrompra votre contemplation.

Selon vous, quelle est la différence la plus frappante entre un bar de rue et un bar d'hôtel de luxe ?

La sérénité et la tranquillité qui règnent au *Singita Sweni Lodge* offrent une expérience de bar totalement différente. Notre bar est un lieu où des liens authentiques se créent, que vous célébriez avec vos proches ou que vous preniez simplement un moment pour vous imprégner des bruits de la brousse et partager des histoires sur les safaris de la journée. Ce qui nous distingue vraiment, c'est l'authentique sérénité qui vous entoure, la chaleureuse hospitalité africaine et l'immersion dans la nature.

Quels sont les cocktails les plus consommés par les clients ?

Probablement le Kruger Colada !

Quel est l'équilibre entre les cocktails classiques et vos propres créations ?

La liste des cocktails proposée aux clients comprend exclusivement des cocktails signés *Singita Sweni Lodge*. Cependant, notre équipe sait également créer des cocktails classiques. Les clients s'orientent souvent vers les cocktails signatures, car ils souhaitent vivre l'expérience *Singita Sweni Lodge* dans son intégralité.

La demande la plus folle ?

Nous avons reçu un client qui avait un penchant pour les Bloody Marys épicés, et quand nous disons épicés, nous le pensons vraiment ! Il est resté avec nous pendant trois nuits et, au moment du départ, nous avions consommé trois bouteilles de Tabasco et un sac de piments !

Quel est votre alcool préféré ?

La vodka, le rhum et la tequila ou l'alcool d'agave. Les variations que l'on peut faire avec ces alcools sont insensées.

Votre ingrédient magique ?

Des produits frais et sains.

Quelle est votre définition d'un bon cocktail ?

Un équilibre entre la douceur, l'acidité et l'alcool. Il doit également être agréable à boire, de la première à la dernière gorgée.

Comment décririez-vous votre cocktail emblématique Kruger Colada ?

Ce cocktail incarne la pureté des loisirs et de la détente dans le bush. Créé pour les après-midis de farniente au bord de la piscine, il s'agit de ralentir et de s'imprégner des sensations du bush. Imaginez que vous vous prélassiez dans un décor tout droit sorti d'un paradis tropical, mais avec l'émotion supplémentaire d'observer les animaux sauvages qui passent dans le *lowveld* africain.

»

LE KRUGER COLADA

PAR DARREN VAN DER MERWE

Ingrédients

2,5 cl de rhum Malibu

2,5 cl de rhum Bacardi

2,5 cl de notre cordial maison à la noix de coco et à la rose 1.

Jus d'ananas frais

1 rondelle d'ananas frais

1. Préparation

pour le cordial maison

- 2 l d'eau
- 1 kg de sucre
- 1 kg de glucose
- 300 g de noix de coco rôtie et desséchée
- 10 cl d'eau de rose

Rangez les griffes, il est question de douceur avec cette noix de coco accompagnée d'eau de rose. La qualité du jus d'ananas contribuera à l'intérêt du cocktail. Mais vous pouvez jouer autour de cette variable : prenez le à base de jus concentré et vous aurez un cocktail aux notes confites et avec une gourmandise omniprésente. Au contraire, prenez-le frais ou faites le vous-même et obtenez un regain de fraîcheur apporté par son acidité.

Instructions

Pour le cordial

- Placer tous les ingrédients dans une grande casserole et porter à ébullition.
- Laisser refroidir.

Pour le cocktail

- Mélanger tous les rhums et le cordial au shaker. Servir et compléter avec le jus d'ananas frais. Décorer d'un morceau d'ananas frais.

LE LADA COLADA

RECETTE REVISITÉE DU KRUGER COLADA

Par Baptiste Bochet

Ingrédients

pour un cocktail

4 cl d'aquavit[1]

2 cl de vodka[2]

3 cl de crème de coco

3 cl de crème fraîche épaisse

1 cuillère à café de sucre blanc

10 cl de jus d'ananas

5 cl de jus de poire

Qui l'eût cru que l'aneth et le carvi s'associeraient avec cette satanée noix de coco, qu'on met à toutes les sauces. Vous pouvez compter sur la fraîcheur de l'Aquavit pour vous extraire de cette gourmandise, un peu de sérieux enfin !

Instructions

- Deux possibilités :
  - Au mixeur, mettre tous les ingrédients et ajouter 120 g de glace pilée ou de glaçons.
  - Au shaker, mettre tous les ingrédients dans un shaker et secouer pendant 30 secondes.
- La version au shaker sera plus intense en arômes et saveurs, car les glaçons ne seront pas intégrés au cocktail, contrairement à la version au mixeur. L'occasion d'apprécier d'autant plus le côté végétal.
- Dans les deux cas, servir le cocktail dans un grand verre highball. S'il reste de la place dans le verre après avoir versé le cocktail, ajouter quelques cubes de glace pour le maintenir bien glacé.

1. Aquavit Linae, par exemple, sinon si vous êtes pour la préférence nationale ou plutôt le locavorisme (dans un rayon qui dépend de là où vous vivez, bien sûr), vous pouvez opter pour l'Aquavit de la distillerie du Viaduc à Paris.
2. Pour diluer l'aquavit qui peut avoir un petit côté écœurant pour les palais les plus sensibles. Si vous n'avez pas d'aquavit, mettez 6 cl de vodka, essayez tout de même d'ajouter un peu d'aneth séché en poudre afin de retrouver un côté herbacé.

Le Plaza New York

À L'AVANT-GARDE DE LA SCÈNE COCKTAIL

La ville de New York a fortement marqué l'histoire des cocktails. C'est, encore aujourd'hui, souvent de là que partent les nouvelles tendances. Parmi les nombreux hôtels cinq étoiles de la *city that never sleep*, nous avons choisi de mettre en avant le *Plaza Hotel*.

Véritable institution, située sur la 5e avenue à Manhattan, littéralement en face de Central Park, il occupe un grand immeuble construit en 1907 dans le style Renaissance française.

C'est un symbole de New York que l'on peut voir dans de nombreux films et séries et dont la dernière rénovation d'envergure a eu lieu entre 2005 et 2008. Le *Bar à champagne* porte bien son nom, puisqu'on peut y déguster les meilleures cuvées de vins effervescents de la région française, mais aussi une belle offre de cocktails au champagne (on y mange aussi très bien !). Le *Palm Court* change quant à lui de destin au cours de la journée, puisqu'on peut y accéder l'après-midi pour prendre un thé et des pâtisseries, alors que le soir, il se transforme en vibrant bar à cocktails.

L'ADONIS

RECETTE REVISITÉE DU PLAZA NEW YORK

Par Baptiste Bochet

Ingrédients
pour un cocktail

4 cl de vin de Jerez Amontillado (Lustau Los Arcos de préférence)

4 cl de vermouth doux (le Cocchi di Torino de préférence)

3 traits d'orange bitters (le Gary Regan de préférence)

1 zeste d'orange

Le cocktails Adonis est servi ici au Plaza *même s'il a été créé dans un autre hôtel de luxe new-yorkais : le* Waldorf Astoria. *Il est né à la toute fin du XIXe siècle, en hommage à la comédie musicale du même nom. Délicatesse rime ici avec notes épicées et vineuses, sublimées par l'acidité du vin et son côté oxydatif. Les notes d'orange amères du bitter finiront de conforter les palais les plus avisés dans leur choix d'avoir opté pour L'Adonis.*

Préparation

- Au verre à mélange, sur glaçons, ajouter les trois ingrédients.
- Mélanger pendant 30 secondes et servir dans un élégant verre à martini.
- Décorer d'un zeste d'orange, préalablement exprimé au-dessus du cocktail.

Le Carlyle

POUR OBSERVER LA FRESQUE DU *BEMELMANS*

Le *Carlyle*, c'est 192 chambres, dont 92 suites de charme luxueusement classique. L'hôtel a vu le jour en 1930, et l'esprit Art déco/fin des Années folles y prévaut toujours, la modernité en plus, puisqu'il a connu une cure de jouvence en 2021. Il se trouve dans le quartier chic de l'Upper East Side, à deux pas de Central Park, des musées de Madison Avenue, et du quartier des boutiques de luxe. Il est fréquenté par la belle société américaine, et a vu quasiment tous les présidents défiler lors de leurs séjours dans la Big Apple, d'où son surnom de « Maison blanche » de New York. L'un d'entre eux, John F. Kennedy y a occupé un appartement au 34e étage pendant les dix dernières années de sa vie et y aurait notamment reçu Marilyn Monroe.

Côté restauration, le *Dowling's at the Carlyle* propose des interprétations de plats intemporels de New York et des plats rétro d'une autre époque, alors que le *Café Carlyle* propose une cuisine de bistrot chic new-yorkais dans une ambiance de cabaret. Quant à *la Galerie*, elle assure le thé de l'après-midi. Enfin, le bar du *Bemelman's* est l'archétype du bar d'hôtel de luxe à l'ancienne : un lieu de rencontre entre les clients de l'hôtel et les New-Yorkais, qui propose des créations et des classiques indémodables sur fond de jazz. Cependant, tenue smart exigée : pas de short, chemise et veste fortement conseillées pour les messieurs.

Vous pourrez observer dans le *Café Carlyle* une splendide fresque murale peinte par l'auteur autrichien de livres pour enfants Ludwig Bemelmans. Plutôt que d'être payé pour sa fresque, Bemelmans avait échangé son travail contre un an et demi d'hébergement au *Carlyle* pour lui et sa famille. Le bar a gardé son nom.

The Carlyle
Carlyle

LE LOST IN PARIS

RECETTE REVISITÉE DU CARLYLE

Par Baptiste Bochet

Ingrédients
pour un cocktail

2 cl de Cognac VSOP Hennessy (ou Rémi Landier)

1 cl de liqueur de litchi[1]

8 cl de saké effervescent

2 gouttes de Japanese Shiso Bitters
ou 2 feuilles de shizo
ou 1 feuille de menthe
et 1 feuille de basilic
ou encore 1 goutte d'absinthe

Sans Frontières d'Aymonier

Très fruité, pomme, poire, litchi, quelques notes herbacées, un soupçon d'épices et de fleurs. Les bulles en sus.

Préparation

- Directement sur glaçons dans votre plus beau verre à vin, mettre de beaux glaçons et tous les ingrédients sauf le saké.
- Mélanger 30 secondes à cuillère, puis verser délicatement le saké.
- Décorer d'une feuille de shiso si vous avez opté pour le bitter, sinon faites remonter les feuilles d'aromates employées.

1. Allez chercher du côté des liquoristes comme Boudier ou Combier. Sinon en alternative, prenez la liqueur de fleur de sureau de Nusbaumer, très complexe.

Le Boston Harbor

UNE VUE IMPRENABLE SUR LA BAIE

Le Boston Harbor Hotel *est connu pour ses chambres élégantes avec vue sur la marina et la ville, mais aussi et surtout pour son bar qui fait la part belle aux whiskys et aux bourbons… Ainsi qu'aux cocktails qui magnifient ces spiritueux.*

Bien qu'ayant été achevé en 1987, le quartier du Rowes Wharf peut s'enorgueillir d'une histoire remontant à la période où les États-Unis dépendaient de la couronne britannique, au XVIIe siècle. Aujourd'hui, il est dominé par un bâtiment moderne, toujours tourné vers la marina, la baie et le large, que l'on peut notamment rejoindre par voie maritime, en passant sous une arche imposante de plusieurs étages. L'hôtel qui occupe la plus grande partie de son espace donne donc sur le port de Boston, la mer au loin et un parc, le Rose Fitzgerald Kennedy Greenway. C'est vraiment *the place to be* lorsqu'on visite Boston.
Ici, il nous faut faire une petite digression et nous demander pourquoi visiter Boston. Parce que, avouons-le, cela ne va pas de soi…

TRIOMPHE
HINE
TALISKER
SINGLE MALT SCOTCH WHISKY
10
SEMPÉ
SEMPÉ
COGNAC
GRANDE CHAMPAGNE
Delamain
THE GLENLIVET
18
THE GLENLIVET
12
CRAGGANMORE
12
The MACALLAN
12
The MACALLAN
25
The MACALLAN
30
DALMORE
12
Dalwhinnie
15

WHY BOSTON ?

Boston est la plus grande ville de l'État du Massachusetts. C'est aussi l'une des plus anciennes des États-Unis (1630), une des plus marquées par l'Histoire, avec un grand H, du pays, notamment par la guerre d'indépendance (massacre de Boston, *Boston tea party*...). On peut notamment y visiter le Faneuil Hall, où Samuel Adams prononça plusieurs discours sur l'indépendance des États-Unis, ou encore parcourir le Freedom Trail, un circuit permettant de découvrir les principaux monuments et hauts lieux de la ville. Boston est aussi devenu l'un des plus importants pôles d'enseignement et de recherche au monde (Harvard et le MIT se trouvent dans la ville voisine de Cambridge). On peut aussi y profiter de la mer et faire des balades en bateau. En quelques mots, Boston est une destination agréable, un peu conservatrice, rassurante. C'est aussi un peu le cas du *Boston Harbor Hotel.*

LE DARK BAR

On trouve au *Boston Harbor* un des bars les plus réputés au monde : le *Dark Bar*. Très populaire auprès de la population locale, c'est l'endroit idéal pour siroter un vieux whisky ou un vieux bourbon. On y trouve de prestigieuses références, telles que des Macallan de 30 et 40 ans d'âge ou un Balvenie 60 ans d'âge. La Nouvelle-Angleterre est réputée pour ses crustacés, et les habitués adorent la spécialité « Oysters & Scotch », qui allie un scotch Bruichladdich à une demi-douzaine d'huîtres. Les clients peuvent choisir leur propre variante avec le Classic Laddie, l'Islay Barley 2009 ou le Port Charlotte. Le *Dark Bar* a également récemment lancé une expérience exclusive de dégustation de whiskys en fût ! Il est également réputé pour ses cocktails (souvent au whisky), notamment son Irish Rose's.

Nº 14
Maker's Mark
KNOB CREEK
SINGLE BARREL SELECT RYE
PIGGYBACK

TIAGO GOMES PIRES

BARTENDER AU *DARK BAR*

«

Aviez-vous déjà travaillé dans un restaurant ?

Oui, après mon déménagement aux États-Unis en 2014, j'ai commencé à travailler dans des restaurants, notamment aux côtés de barmen expérimentés, ce qui a éveillé mon intérêt pour l'art de la mixologie et le service de haute qualité. Mon expérience dans le monde de l'alcool, notamment au *Boston Harbor Hotel*, m'a ouvert des perspectives précieuses sur l'art de la mixologie et du service de qualité, éléments essentiels dans les restaurants et les bars haut de gamme.

Aviez-vous travaillé dans un bar de rue ?

Oui, c'est là que j'ai été introduit dans le monde de la mixologie et initié à cet art fascinant. Toutefois, c'est mon passage dans un environnement raffiné comme le *Boston Harbor Hotel* qui m'a vraiment permis d'approfondir mes connaissances et d'affiner mes compétences. Si mon expertise s'est forgée dans des environnements plus haut de gamme, où la qualité et l'originalité priment, mes premières expériences m'ont fourni une base solide. Elles furent cruciales pour apprendre à répondre aux besoins d'une clientèle haut de gamme et à créer des cocktails originaux, en associant le dynamisme de la mixologie de rue à la sophistication de l'hôtellerie de luxe.

Qu'aimez-vous dans les cocktails ?

Je suis attiré par la façon dont les cocktails peuvent raconter une histoire et susciter des émotions grâce à leurs saveurs et parfums complexes. Chaque boisson est un canevas d'idées créatives, où l'on mélange des ingrédients et des méthodes pour créer des expériences inoubliables. C'est ce pouvoir narratif et les possibilités infinies d'innovation qui me passionnent vraiment dans la mixologie.

Pourquoi avez-vous postulé dans un hôtel de luxe ?

J'ai postulé dans un hôtel de luxe parce que je suis tombé amoureux du concept de création d'expériences exceptionnelles pour les clients. La recherche de la perfection, l'attention méticuleuse portée aux détails et la possibilité de travailler avec des ingrédients de premier ordre répondent parfaitement à ma passion pour la mixologie. Cet environnement offre un cadre idéal pour me perfectionner dans cet art et ravir les clients avec des expériences de cocktails inégalées.

Parlez-nous de votre bar. Comment le décririez-vous ?

Le *Dark Bar* est un établissement où, dès que vous entrez, vous êtes captivé par les étagères débordant d'une gamme de bourbons, de rye whiskys, de scotchs et d'autres spiritueux, allant de l'ordinaire au rare et à l'exquis. Cet enchantement initial s'intensifie rapidement à mesure que l'atmosphère à la fois confortable et luxueuse du bar vous enveloppe et vous incite à découvrir nos cocktails sophistiqués. Ces boissons sont méticuleusement élaborées pour offrir un mélange équilibré et optimal de textures et d'arômes. Se distinguant par son élégance et sa sophistication, le *Dark Bar* est un lieu où la tradition rencontre l'innovation, chaque cocktail célébrant l'art de la mixologie et de la créativité.

Comment décririez-vous la clientèle ?

La clientèle est incroyablement diversifiée, des locaux aux voyageurs internationaux, des amateurs de cocktails à ceux qui découvrent le monde de la mixologie. Pourtant, ils partagent tous une même appréciation de la qualité exceptionnelle et des expériences inoubliables. Ce large éventail de clientèle apporte une atmosphère dynamique et vivante au bar ; chaque interaction y est unique, chaque service l'occasion d'impressionner et de ravir.

Quels sont les cocktails les plus consommés par les clients ?

Notre Old Fashioned Select 22 et notre Irish Rose sont des créations exclusives très demandées qui reflètent notre engagement en faveur de l'excellence et de l'innovation dans l'art de la mixologie. Ces boissons se distinguent par leurs saveurs uniques et leur savoir-faire, et témoignent de notre volonté d'offrir à nos clients des cocktails qu'ils ne trouveront nulle part ailleurs.

Quel est l'équilibre entre les cocktails classiques et vos propres créations ?

Notre carte établit un savant équilibre entre les cocktails classiques et nos innovations emblématiques, ce qui permet à chacun d'y trouver son compte, quels que soient ses préférences ou son degré de curiosité. Par exemple, notre Old Fashioned Select 22 illustre cet équilibre en incorporant du bourbon et un rye exclusifs, élaborés en collaboration avec la distillerie Maker's Mark. Grâce à notre fût privé, nous proposons une version de Maker's Mark qui nous est propre. Cette approche illustre notre volonté d'allier tradition et créativité, en proposant à nos clients à la fois des classiques et des expériences inédites, exclusives.

Y a-t-il quelqu'un que vous avez eu le plaisir de servir ? Une anecdote amusante ?

Chaque invité apporte sa propre histoire, mais une expérience se démarque : j'ai servi un critique de cocktails renommé sans l'avoir reconnu au départ, et découvert son identité seulement après qu'il eut loué la qualité de nos boissons… Cela a été particulièrement gratifiant.

Cette rencontre témoigne de notre engagement en faveur de l'excellence, quelle que soit la personne que nous servons, et renforce la joie et la fierté que nous éprouvons à exercer notre métier.

La demande la plus folle ?

Je pense qu'aucune demande n'est assez folle ; en fait, je me réjouis lorsqu'un client me met au défi. Qu'il s'agisse de concocter un nouveau cocktail sur place ou de recréer une boisson complexe et connue à laquelle il a goûté il y a de nombreuses années et qu'il n'a pas trouvée reproduite correctement dans d'autres bars. Ces défis ne sont pas seulement des tests de mes compétences ; ce sont des invitations à approfondir l'art de la mixologie, à mêler souvenirs et saveurs, et à établir un lien avec l'histoire personnelle d'un client par le biais d'une boisson. Ce sont ces moments qui soulignent l'art et la science qui se cachent derrière ce que nous faisons, transformant une simple demande en une expérience mémorable pour le client et pour moi.

Quel est votre spiritueux préféré ?

Le bourbon est mon alcool préféré pour sa polyvalence et la profondeur complexe qu'il ajoute aux cocktails. Son riche profil de saveurs permet de créer un large éventail de cocktails, des plus classiques aux plus innovants, ce qui en fait un ingrédient indispensable derrière le bar.

Votre ingrédient magique ?

Je pense que mon ingrédient magique est ma capacité à comprendre et à identifier intuitivement les préférences gustatives et le profil de boisson d'un client au cours d'une brève conversation, souvent sans qu'il s'en rende compte. Cette aptitude me permet de proposer à mes clients des cocktails qu'ils n'ont jamais bus auparavant, mais qu'ils apprécieront à coup sûr.
En outre, la passion est un élément crucial. La passion que nous mettons dans notre travail est évidente dans chaque cocktail que nous créons, elle améliore l'expérience de dégustation et l'élève à un tout autre niveau. Cette combinaison de compréhension intuitive et de passion est ce qui distingue vraiment nos créations.

Quelle est votre définition d'un bon cocktail ?

Pour moi, un bon cocktail est un cocktail qui atteint un équilibre harmonieux de saveurs, mêlant parfaitement les éléments sucrés, acides, amers et parfois salés. Il doit avoir une texture qui rehausse l'expérience de la boisson, être visuellement attrayant, servi à la température idéale et fabriqué avec des ingrédients de haute qualité. L'originalité et la créativité dans la sélection et la combinaison de ces ingrédients sont essentielles pour créer une expérience unique et mémorable. Un bon cocktail n'est pas seulement une question de goût ; c'est une forme d'art qui fait appel à tous les sens et laisse une impression durable.

»

L'IRISH ROSE'S

PAR TIAGO GOMES PIRES

Le cocktail Irish Rose's associe habilement le riche héritage du whiskey irlandais Tyrconnell à la sophistication de l'art du cocktail moderne, en incorporant l'arôme distinctif des bourgeons de rose fumés. Cette boisson est un exercice d'équilibre, mêlant les saveurs robustes du whiskey à une présentation en couches qui fait appel à tous les sens.

La rose va à merveille avec ce whiskey délicat typiquement irlandais. Dans un twist de Old Fashioned plus gourmand et avec les notes florales et la saveur sucrée qui vous fait douter du taux d'alcool réel de ce cocktail..

Ingrédients

7 cl de whiskey irlandais Tyrconnell

1,5 cl de sirop simple

1 goutte de Boston Bitters

1 trait d'Angostura Bitters

Bourgeons de rose pour fumer et garnir

1 gros glaçon

Instructions

- Commencez par allumer des boutons de rose sur une planche d'ardoise, en les laissant se consumer pour libérer leur fumée aromatique. Placez un verre à glace vide au-dessus des bourgeons de rose pour capturer la fumée et imprégner le verre d'un arôme floral riche qui ajoutera de la profondeur au cocktail.
- Retournez le verre à glace fumé et placez un gros glaçon à l'intérieur. Cette méthode permet de refroidir lentement la boisson, ce qui réduit la dilution et préserve les saveurs nuancées du whiskey.
- Dans un récipient, mélangez le whiskey irlandais Tyrconnell, le sirop simple, le Boston Bitters et l'Angostura Bitters. Cette combinaison minutieuse rehausse la profondeur du whiskey avec une douceur et une complexité équilibrées.
- Filtrez soigneusement le mélange au whiskey sur le glaçon dans le verre fumé, pour permettre à la boisson de refroidir et aux saveurs de s'intégrer à la fumée aromatique.
- Après avoir versé le cocktail, tamponnez le glaçon avec l'emblème du *Boston Harbor Hotel*, pour lui apporter une touche personnalisée. Ensuite, utilisez le tampon à glace pour faire tourner doucement le glaçon. Cette technique innovante permet de refroidir le cocktail à sa température idéale, ce qui garantit que chaque gorgée sera parfaitement rafraîchie, sans dilution excessive.
- Complétez la présentation avec des garnitures en boutons de rose, qui relient visuellement la boisson à son essence fumée.
- Servez l'Irish Rose's comme une expression magistrale de l'art du cocktail, en invitant les invités à explorer une riche tapisserie de saveurs et d'arômes sur la toile de fond d'une présentation experte.

LE ROSES ARE RED

RECETTE REVISITÉE DE L'IRISH ROSE'S

Par Baptiste Bochet

Ingrédients

pour un cocktail

5 cl de whiskey irlandais[1]

1 cl de sirop simple
(aromatisé ou non à la rose)

1 trait d'Angostura Bitters

Des gros glaçons

1 bouton de rose
ou 1 zeste de citron

Vous conviendrez de l'élégance du rituel proposé par Tiago. Toutefois, si vous souhaitez aller à l'essentiel et n'avez que vous à impressionner ce soir-là, il n'est pas forcément nécessaire de se procurer des boutons de rose et encore moins d'y mettre le feu.

Le souci avec tout ce qui est « fumaison » est que la frontière est mince entre le suffisamment fumé et le trop fumé. Il en résulte trop fréquemment une fumée entêtante et âcre.

Voici trois solutions pour résoudre cette difficulté, de la plus simple à la plus complexe :

- *utiliser de l'eau de rose de qualité et ajouter quelques gouttes au cocktail, ou rincer le verre à l'eau de rose ;*
- *préparer un sirop de rose en laissant infuser pendant cinq minutes trois boutons de rose dans un sirop simple proche de de l'ébullition, constitué de 50 g de sucre et de 50 g d'eau (ce qui donnera de quoi faire huit Roses Are Red).*
- *écraser 5 boutons de rose dans 20 cl de wiskey irlandais. Laisser infuser 20 minutes, puis filtrer : le whiskey sera aromatisé à la rose.*

Instructions

- Verser les ingrédients liquides directement dans un verre rocks ou old fashioned.
- Ajouter ensuite les glaçons. Mélangez délicatement pendant une vingtaine de secondes.
- Décorer d'un bouton de rose ou d'un zeste de citron si vous optez pour la version sans boutons de rose.
- Compléter avec l'eau gazeuse.

1. Un Redbreast 12 ans dont le profil aromatique fonctionnera parfaitement avec la rose, mais il est cher ; un Bushmills, un *Jameson, un Teeling ou un Tyrconnell.*

Le Sands

DÉGUSTEZ UN CABANA COLADA DANS UNE AMBIANCE ENTRE CALIFORNIE VINTAGE ET MAROC

Cet hôtel est l'endroit rêvé pour celles et ceux qui veulent profiter du tournoi de tennis d'Indian Wells un Cabana Colada dans la main.

Le *Sands Hotel and Spa* se trouve au cœur de la vallée de Coachella, à Indian Wells (Californie), localité particulièrement connue pour son tournoi de tennis qui se joue en mars et ses terrains de golf. La ville fait figure de véritable oasis dans le désert (il y fait très chaud et très sec), et l'hôtel est bordé de palmiers royaux, d'oliviers et d'agaves, arbres qui vivent très bien sous ce climat.

LE MAROC EN CALIFORNIE

Le *Sands* d'origine était un motel construit dans les années 1950. Il a été entièrement revisité par le designer Martyn Lawrence Bullard, un des 100 meilleurs designers au monde selon *Architectural Digest*.

« Le bar, mis en scène par Brandon Infusino, est devenu en peu de temps une référence sur la scène cocktail californienne. »

L'artiste s'est inspiré de l'aspect désertique pour donner une touche marocaine et saharienne à son œuvre, tout en conservant des éléments distinctifs de la Californie des années 1950 (notamment de nombreuses références au Rat pack de Sinatra & cie). Les couleurs utilisées sont résolument joyeuses et lumineuses : verts émeraude, bleus profonds, rose poussiéreux du désert.

DES INGRÉDIENTS DE SAISON ET LOCAUX

Le restaurant bar *The Pink Cabana* est mené de main de maître par le chef exécutif Jason Niederkorn. Le menu allie harmonieusement les inspirations françaises modernes, avec des touches d'influence marocaines et méditerranéennes. Le chef mise sur des produits de saison locaux et des fruits de mer issus de la pêche durable et des meilleures volailles et viandes disponibles. Et son bar, mis en scène par Brandon Infusino, est devenu en peu de temps une référence sur la scène cocktail californienne.

BRANDON INFUSINO

CHEF BARMAN DU *PINK CABANA*

«

Avez-vous une expérience dans la restauration ?

Avant de rejoindre le *Pink Cabana*, j'ai travaillé dans le secteur de la restauration pendant 14 ans. J'ai principalement travaillé dans des hôtels de Palm Springs comme *The Ace, The Riviera* et *Colony Palms* en particulier.

Avez-vous déjà travaillé dans un bar de rue ?

J'ai travaillé dans plusieurs bars de rue et j'ai fait partie de l'équipe qui a ouvert un restaurant extrêmement connu à La Quinta, en Californie.

Qu'est-ce qui vous plaît dans les cocktails ?

Ils offrent une toile vierge pour la créativité et des possibilités infinies !

Pourquoi avez-vous voulu travailler dans un hôtel de luxe ?

Pendant les fermetures dues au Covid, j'ai commencé à chercher un nouvel emploi plus proche de chez moi. Au cours des dix dernières années, j'ai fait la navette entre Palm Desert et Palm Springs, ce qui n'est pas aussi proche qu'on ne le pense ! J'avais entendu de bonnes choses sur le *Pink Cabana et le Sands Hotel and Spa*. Je me sens à l'aise dans l'environnement des hôtels de luxe et sur la scène des cocktails artisanaux.

Parlez-nous de votre bar. Comment le décririez-vous ?

Le Pink Cabana est une oasis de cocktails élégants, où le design attire les clients et où l'atmosphère et le service les captivent. On se croirait dans un bar d'un film classique, une échappatoire aux soucis de la vie moderne.

Selon vous, quelle est la différence la plus frappante entre un bar de rue et un bar d'hôtel de luxe ?

Les attentes d'un bar d'hôtel de luxe se focalisent sur l'artisanat et la priorité donnée à l'expérience du client, alors qu'un bar de rue s'adresse aux locaux et aux visages familiers. Nous avons ici à l'hôtel un mélange éclectique de clients qui ont beaucoup voyagé, ce qui donne lieu à des conversations intéressantes !

Comment décririez-vous la clientèle ?

Notre clientèle n'est pas facile à décrire succinctement, c'est un véritable melting-pot. Nous sommes un point d'ancrage de la vie nocturne locale : nous accueillons tout le monde, des habitants aisés aux personnalités de Los Angeles, en passant par des voyageurs venus de tous les coins du monde !

Quels sont les cocktails les plus consommés par les clients ?

Nos clients adorent nos cocktails phares : le Hot to Trot (rafraîchissant et épicé à base de mezcal), le Cabana Colada (une combinaison légère de gin, de crème de coco, de citron vert et de soda à la noix de coco, mais je vous donne la recette juste après), le Pretty in Pink (pastèque, menthe, tequila et mélange acidulé) et notre margarita saisonnière Farmer's Market (qui contient les ingrédients préférés de notre chef exécutif).

Quel est l'équilibre entre les cocktails classiques et vos propres créations ?

Nos cocktails signature se vendent beaucoup mieux que les classiques. L'utilisation d'ingrédients de saison et l'attention portée à la qualité font toute la différence, et nos clients nous font confiance pour cela.

Quelqu'un que vous avez eu le plaisir de servir ? Une anecdote amusante ?

Nous avons l'habitude d'accueillir de nombreuses célébrités. La demande la plus déroutante est sans doute celle d'un Espresso Martini décaféiné !

Quel est votre alcool préféré ?

Mon alcool préféré est le gin. Il y a tellement d'excellentes cuvées disponibles de nos jours, et il se prête à la réalisation de cocktails créatifs.

Avez-vous un ingrédient magique ?

Je n'ai pas d'ingrédient magique à proprement parler, mais je mise sur la fraîcheur de mes ingrédients.

Quelle est votre définition d'un bon cocktail ?

Un bon cocktail doit présenter des couches de complexité, tout en restant équilibré.

LE CABANA COLADA

PAR BRANDON INFUSINO

Ingrédients

6 cl de gin Well

3 cl de jus de citron vert

3 cl de crème de coco

4 cl de soda à la noix de coco

1 zeste de citron vert

Le citron vert, son zeste et le gin vous apportent l'agrume et le végétal qui contrebalancent la déferlante blanche de la noix de coco.

Instructions

- Mettre les ingrédients dans un shaker.
- Secouer et filtrer sur de gros glaçons dans un verre tumbler.
- Décorer d'un zeste de citron vert.

LE NO COCO FOR OLD MEN

RECETTE REVISITÉE DU CABANA COLADA

Par Baptiste Bochet

Ingrédients

pour un cocktail

4 cl de tequila blanco[1]

1 cl de jus de citron

Sauce pimentée (à discrétion)[2]

Une demi-cuillère à café
du mélange d'épices Ras el Hanout

Quelques pincées de sel

12 cl de jus de pastèque
ou de jus de tomate

des morceaux de tomate-cerise (si jus de pastèque)
ou des morceaux de pastèque (si jus de tomate)

Souvenez-vous que le cocktail est un smoothie et non une salade de fruits. Ce qui signifie que les goûts des jus vont se marier, pour le meilleur et pour le pire.

Si j'étais vous, j'opterais pour un fruit en jus et l'autre en morceaux, plantés sur une jolie brochette qui trône sur le sommet de votre verre de cocktail. Les plus curieux essayeront un mix des deux jus. Auquel cas, évitez le 50/50 qui risque de rendre le cocktail illisible aromatiquement parlant.

Instructions

- Remplir un grand verre highball de glaçons.
- Ajouter tous les ingrédients, sauf le fruit en morceaux et mélanger à la cuillère pendant 15 secondes.
- Confectionner une brochette avec les morceaux du fruit choisi.
- Décorer votre cocktail avec.

1. De préférence la Calle 23, mais sinon toute autre tequila 100 % agave.
2. Une petite sauce pimentée de la Maison Martin par exemple : leur sauce Sirocco est fumée.

Le Caribe Hilton

Cet incroyable complexe avec piscine et plage à proximité n'est pas le plus luxueux de la liste, mais le *Caribe Hilton*, situé à Porto Rico, ne pouvait pas ne pas figurer dans ce livre ! Pourquoi ? Parce que c'est là que, en 1954, le bartender Ramon « Monchito » Marrero a servi la première Piña Colada de l'histoire selon la recette suivante :

- 20 g de rhum doré
- 1 once de crème de noix de coco
- 1 once de crème épaisse
- 60 ml de jus d'ananas frais
- ½ tasse de glace pilée)

Cette boisson est devenue depuis un des cocktails les plus servis au monde. Elle est même, depuis 1978, la boisson officielle de Porto Rico.

Ouvert depuis 1949, l'hôtel a cependant dû fermer deux ans entre 2017 et 2019, pour se refaire une beauté à la suite des destructions occasionnées par l'ouragan Maria. Côté restauration, le *Caribe Hilton* propose neuf restaurants, dont un *steakhouse* (Porto Rico est associé aux USA), *Lola* qui sert de la cuisine portoricaine, ou encore un Starbucks. Mais c'est bien au *Caribar* qu'il vous faudra savourer votre Piña Colada, à moins que vous ne préfériez le faire directement dans la piscine, au *Bagua*.

CONDADO
PLAZA

LA PIÑA COLADA

RECETTE DU CARIBE HILTON

Par Baptiste Bochet

Ingrédients
pour un cocktail

6 cl de rhum léger de mélasse type de Porto Rico[1]

3 cl de crème de coco Lopez[2]

3 cl de crème fraîche épaisse

18 cl de jus d'ananas maison

150 g de glaçons

Une boisson lactée à l'ananas et à la noix de coco dont le mariage n'est plus à questionner.

Préparation

- Au blender, assembler tous les ingrédients, laisser tourner pendant 10 secondes.
- Servir dans le plus grand verre que vous avez.

1. Prenez Don Q ou Bacardi Heritage à 44,5 % si vous souhaitez rester à Porto Rico. Sinon Plantation 3 Stars ou Havana Club 3 ans.
Et pas une autre ! Enfin si, mélangez une crème de coco classique avec une moitié de sucre si vous ne trouvez pas de Coco Lopez.

Le Chablé Yucatán

LA QUIÉTUDE À LA MODE MAYA

Le Chablé Yucatán *réussit l'exploit d'associer au cadre luxuriant de la jungle et culturel de la civilisation maya, la modernité et le confort qu'on attend d'un hôtel de luxe. Il propose notamment un cocktail signature, le* Chablé Ya, *avec comme ingrédient « l'épinard mexicain », qui vaut à lui seul le détour.*

Le *Chablé Yucatán* est environné par une jungle luxuriante qui s'étend sur 300 hectares alentour, dans la région de Mérida (État de Yucatán), une des plus anciennes villes du Mexique, dont l'origine remonte à l'époque préhispanique, et qui se situe à 25 minutes du complexe.

Les parties communes (lobby, restaurants, bars, spa…) se trouvent dans une ancienne hacienda rénovée, tandis que les 38 *casitas* (petites maisons) spacieuses et autonomes, les deux villas familiales et les étonnantes villas royale et présidentielle sont réparties dans un espace enchanteur où se disputent le camaïeu de vert de la végétation et le bleu azur du ciel.

Vous l'aurez compris, séjourner au *Chablé Yucatán*, c'est bénéficier des services d'un établissement cinq étoiles, tout en jouissant de la quiétude et de l'espace d'un hébergement privatif.

UN SPA DANS UN CÉNOTE

Le spa de l'hôtel est le premier au monde à être construit autour d'un cénote, cavité ou grotte naturelle emplie d'eau que les Mayas considéraient comme des puits sacrés. Douze cabines de traitement l'entourent. La région du Yucatán est d'ailleurs célèbre pour sa beauté naturelle, ses 8 000 cénotes et ses anciens sites mayas, dont Uxmal et Chichén Itzá qu'il est possible de visiter facilement depuis l'hôtel. Inspirée des traditions ancestrales, des rituels et de la philosophie des Mayas pour acquérir équilibre et paix intérieurs, une de leur descendante, Abuela Ak'be, guide les clients tout au long de leur parcours bien-être, en suivant les préceptes de médecine traditionnelle mexicaine pour soigner et rajeunir.

Le spa abrite également un *temazcal* (hutte à sudation traditionnelle), où des cérémonies de guérison sont menées par des chamans membres de l'équipe. Le rituel est basé sur une approche holistique des plus anciennes, qui prend en compte les dimensions physique, mentale et spirituelle. Les bénéfices du *temazcal* concernent l'ensemble du corps dans lequel il restaure la circulation des énergies ; ces soins favorisent la connexion intérieure, entre expérience mystique, sentiment de renaissance, mieux-être et transformation.

LA PLUS GRANDE COLLECTION PRIVÉE DE TEQUILAS AU MONDE

L'hôtel dispose de deux restaurants qui proposent des menus de saison et des produits frais directement cultivés dans les *ka'anché* (jardins mayas) de l'hôtel. Le chef Jorge Vallejo, un des plus grands chefs mexicains à l'origine du *Quintonil*, un établissement primé de Mexico, est le maître d'œuvre du concept de restauration de *Chablé Hotels*, tandis que le chef exécutif Luis Ronzón dirige *l'Ixi'im* et que le chef exécutif Greogrio Oy s'occupe de l'ensemble de l'offre culinaire.

« Sa carte comporte une gamme variée de spiritueux classiques du monde entier. »

Le restaurant *Ixi'im* (« maïs » en maya) sert des plats mexicains raffinés en mettant l'accent sur les ingrédients locaux et traditionnels, agrémentés d'innovations modernes.

Ki'ol (« sain » en maya) sert des plats élaborés qui mettent en valeur la fraîcheur et la saveur de chaque ingrédient, tout en assurant une alimentation complète et équilibrée.

Le *Sikar Bar* de l'hôtel se trouve sous les arbres et près d'un jardin verdoyant. Sa carte comporte une gamme variée de spiritueux classiques du monde entier : whiskys single malt, bourbons, cognacs, tequilas et brandys. *Le Chablé Yucatán* possède la plus grande collection privée de tequilas au monde et propose des dégustations uniques à ses clients. Si vous passez un peu de temps au *Sikar*, nous vous conseillons de ne surtout pas hésiter à demander au mixologue résident, Luis Sanchez, un Chablé Ya, son cocktail favori !

LUIS SANCHEZ

MIXOLOGUE AU *SIKAR BAR* DU *CHABLÉ YUCATAN*

"

Votre parcours en quelques mots ?

J'ai commencé à apprendre le service à la clientèle dès mon plus jeune âge. Mon père travaillait dans une boucherie et m'emmenait travailler avec lui. Il m'a appris à fournir un service sur mesure et efficace, précis et chaleureux, donc luxueux. J'ai surtout vécu à Chicago. J'y ai fait mes classes en tant que cuisinier, puis j'ai été barman à *Los Cabos BCS*. Voici quelques-uns des hôtels où j'ai travaillé : *Secrets, Zadún, Ritz-Carlton Reserve et Montage*, jusqu'à ce que j'aie l'occasion de travailler à *Chablé Yucatán* en tant que sommelier et mixologue.

Aviez-vous déjà travaillé dans la restauration ?

Oui, j'ai commencé par travailler à la *Cheesecake Factory* de Chicago, puis j'ai été serveur dans un restaurant mexicain en Pennsylvanie avant d'en prendre la direction. J'ai même été cuisinier pendant un certain temps.

Aviez-vous déjà travaillé dans un bar de rue ?

Oui, j'ai travaillé dans un bar de ma ville natale, La Piedad, dans le Michoacán. Nous ne servions que des *Micheladas* et des *Piña Coladas*, rien d'extraordinaire.

Qu'est-ce qui vous plaît dans les cocktails ?

J'aime beaucoup les histoires que les cocktails racontent à travers les saveurs, si simples et si complexes à la fois. Lorsque ces dernières sont intégrées, l'histoire devient plus profonde et plus intéressante.

Pourquoi avez-vous postulé dans un hôtel de luxe ?

Convaincu qu'il faut apprendre et enseigner chaque jour, j'ai choisi l'hôtellerie de luxe parce qu'elle est enrichissante à tous points de vue. C'est une grande école, un master. J'y suis étudiant et enseignant.

Selon vous, quelle est la différence la plus frappante entre un bar à cocktails classique et un bar d'hôtel de luxe ?

La tranquillité avec laquelle on déguste le cocktail. Dans un bar d'hôtel de luxe, on a l'impression que le temps s'arrête. L'atmosphère est si exclusive que vous n'avez à vous soucier de rien. Vous avez tout à portée de main.

Comment décririez-vous la clientèle ?

Disons : des aventuriers dans un cadre classique.

Quels sont les cocktails les plus consommés par les clients ?

The Last Word[1].

Quel est l'équilibre entre les cocktails classiques et vos propres créations ?

Mélanger les saveurs est un art. L'équilibre s'obtient en respectant les principaux distillats. Grâce à cette connaissance et à ce respect des produits, je peux donner à chaque cocktail un profil plus intéressant.

Existe-t-il une synergie entre le restaurant et le sommelier ?

À 100 % ! Au-delà de l'accord, nous créons une expérience totale des sens.

Qui s'occupe des spiritueux, de leur sélection et de leur gestion ?

Je choisis les distillats, je me concentre sur la variété des produits nationaux. Petits lots, haute qualité.

Quel est votre spiritueux préféré ?

La tequila, le mezcal et le gin.

Votre ingrédient magique ?

Le vermouth.

Y a-t-il une célébrité que vous avez eu le plaisir de servir ?

L'actrice Marisa Tomei !

Une anecdote amusante ?

Je m'occupais d'un client (dans un autre hôtel) qui me posait beaucoup de questions sur les distillats. Il était très curieux au sujet des agaves, comme la raicilla. Dès que nous avons parlé de tequila, il m'a demandé ce que je pensais de la marque Casamigos et je lui ai dit que j'aimais sa tequila blanche pour un cocktail, mais pas les autres. Il s'est avéré qu'il s'agisssait de l'avocat de George Clooney.

La demande la plus folle ?

Une *Margarita* sans alcool.

»

1. Ndla : un cocktail de la carte.

LE CHABLÉ YA

PAR LUIS SANCHEZ

On pourrait dire que les cocktails d'établissements internationaux manquaient d'ancrage local, ce qui n'est pas le cas ici ! Il faudra donc tester le cocktails pour en comprendre le goût de chaque ingrédient employé. Terreux, fruité, végétal et frais.

Ingrédients

300 g de Xtabentúm

50 g de jus de citron vert

300 g d'ananas

80 g de chaya (épinard maya)

5 cl de Sotol

Préparation

- Verser le Xtabentúm et le jus de citron vert dans un bol.
- Moudre le mélange pendant environ 5 minutes et le filtrer dans un bol.
- Mixer l'ananas et le chaya.
- Ajouter le mélange au contenu du premier bol, mélanger et filtrer.
- Servir dans un verre préalablement refroidi.

L'AY ELBAHC

RECETTE REVISITÉE DU CHABLÉ YA

Par Baptiste Bochet

Ingrédients

pour un cocktail

5 cl de tequila blanche de qualité, Ocho ou Don Fulano

1 c. à café de pastis

4 feuilles de menthe

1 pincée de sel

1 zeste de citron vert

1 c. à café de sucre

1 c. à soupe de jus de citron vert

3 cl de jus d'ananas

Ay Elbahc ! Ces mots (inventés) qui pourraient symboliser l'amitié mexico-bretonne, ne cachent en fait qu'un jeu de lettres, simplement inversées pour la recette.

Comme les ingrédients de la recette d'origine ne sont pas simples à trouver de notre côté de l'Atlantique, appuyons-nous sur leurs arômes. J'ai trouvé des ingrédients disponibles facilement et dont les arômes sont proches des originaux.

Instructions

- Bien laver le citron vert ou le laisser tremper dans de l'eau chaude pendant 20 minutes pour retirer les traitements.
- Prélever un zeste d'une longueur de 5 cm et d'une largeur de 1 cm (un zeste classique).
- Mettre le sucre blanc par-dessus et piler le zeste. Le sucre blanc va absorber les huiles essentielles de citron vert. Ajouter la menthe, puis piler de nouveau. Ajouter ensuite la tequila et faire dissoudre le sucre.
- Dans un shaker, verser la mixture, puis le reste des ingrédients. Ajouter de gros glaçons et secouer pendant 10 secondes.
- Servir dans une coupette à cocktail. Décorer d'une feuille d'ananas.

L' Eden Rock-St Barths

UNE DOSE DE PIMENT AU BORD DE LA MER DES CARAÏBES

*L'*Eden Rock-St Barths *représente le summum des vacances de luxe pour la jet-set dans cette petite île française des Caraïbes. L'équipe du* Rémy Bar & Salon *vous y attend avec ses cocktails classiques et, surtout, une offre alléchante de créations maison.*

Saint-Barthélemy – « Saint-Barth » pour les habitués – est un petit bout de France perdu au milieu des Caraïbes. Si l'île a longtemps été rattachée administrativement à la Guadeloupe (pourtant située à plus de deux cents kilomètres), elle est désormais autonome, avec un statut de collectivité d'outre-mer. Dévolue au tourisme haut de gamme et de luxe, elle est devenue un haut lieu de la jet-set. On y croise nombre de yachts, des milliardaires et de stars, qui y possèdent une villa ou séjournent dans un de ses hôtels et, au premier chef, à l'*Eden Rock*.

RGM

« C'est un hôtel à taille humaine, presque confidentiel... »

TOITS ROUGES, BALCONS BLANCS, MER TURQUOISE

L'hôtel se trouve depuis 1953 sur un rocher de la côte nord de Saint-Barth et ses toits rouges iconiques surplombent la magnifique baie de Saint-Jean. C'est un hôtel à taille humaine, presque confidentiel, composé de trente-sept chambres, suites et même villas.

LE LUXE LES PIEDS DANS L'EAU

L'offre de restauration et de boisson est segmentée dans trois lieux : le *Rémy Bar & Salon*, le *Sand Bar* et le *Beach Bar*. Pendant la journée, vous pourrez vous restaurer au *Beach Bar* tout en profitant de la plage privée de l'hôtel. Pour dîner, ce sera plutôt le *Sand* qui vous accueillera, avec des plats internationaux (pizzas à la truffe, sushis croustillants au saumon…) imaginés par le chef star Jean-Georges Vongerichten. Et bien sûr, pour un cocktail ou un digestif, rendez-vous au *Rémy* ! On vous y servira notamment le fameux cocktail Chili Bang Bang (oui, il y a bien du piment dedans).

Matthieu Clavier.

MATHIEU CLAVIER ET MATTHIAS ASO

BAR MANAGER ET BAR SUPERVISOR DU *RÉMY BAR & SALON*

MATHIEU CLAVIER

« Avez-vous déjà eu une expérience dans un restaurant ?

Après une formation hôtelière à Marseille, j'ai commencé à travailler dans la restauration en 2005, en tant que saisonnier ; après cela, j'ai travaillé dans des restaurants en Irlande, en Espagne et en France.

Avez-vous déjà travaillé dans un bar de rue ?

Pas du tout, j'ai débuté dans le monde du bar ici, à l'*Eden Rock*, en 2011. En autodidacte. Ça n'a d'ailleurs pas été une mince affaire de contenter une clientèle américaine ayant une culture du cocktail approfondie.

Qu'aimez-vous dans les cocktails ?

Certainement l'aspect « no limits ». Dans le monde des cocktails, nous n'avons presque pas de limites. Nous nous réveillons, pensons à une association de saveurs, partons au travail et faisons des essais, encore et encore, jusqu'à trouver le mélange parfait.

Pourquoi avez-vous postulé dans un hôtel de luxe ?

La recherche du défi, de la nouveauté.

Quelle est, selon vous, la différence la plus frappante entre un bar à cocktails classique et un bar d'hôtel de luxe ?

La prise en charge du client.

Comment décririez-vous la clientèle ?

Nous accueillons aussi bien une clientèle étrangère que des locaux, curieux ou habitués, souhaitant passer un bon moment avec nous.

Comment est élaborée votre carte des cocktails ?

La carte est élaborée suivant les tendances et surtout selon les envies de nos hôtes. La tequila est très présente.

Quels sont les cocktails les plus consommés par les clients ?

Les cocktails à base de tequila, comme la Margarita et le Paloma, mais aussi beaucoup de Spritz, en créations ou en classique Aperol.

Quel est l'équilibre entre les cocktails classiques et vos propres créations ?

60 % de créations pour 40 % de classiques.

Y a-t-il une personne en particulier que vous avez eu le plaisir de servir ?

J'ai eu le plaisir de servir Jessica Alba qui, par la suite, m'a demandé de prendre une photo avec elle pour la poster sur les réseaux sociaux.

La demande la plus folle ?

Du cognac Louis XIII au petit déjeuner. Sinon, le soir de réveillon du jour de l'An 2021, un client a offert une bouteille de champagne Dom Pérignon à chaque table du restaurant et du bar. Il y avait cinquante tables. La bouteille est à 550 euros. Je vous laisse faire le calcul.

Quel est votre alcool préféré ?

Le rhum.

Votre ingrédient magique ?

La solution saline. C'est une petite fiole secrète que l'on remplit avec du mezcal et une importante quantité de sel. C'est un exhausteur de goût qui se dose délicatement, au goutte-à-goutte. »

MATTHIAS ASO

«

Quelle est votre définition d'un bon cocktail ?

Un bon équilibre entre les ingrédients.
Un bon cocktail est un mélange d'ingrédients liquides et/ou solides qui sont en harmonie et vont procurer un plaisir gustatif.

Avez-vous déjà eu une expérience dans un restaurant ?

Oui, au *Chotto Matte*, à Londres, un restaurant connu pour sa cuisine Nikkei, fusion de mets japonais et péruviens.

Avez-vous déjà travaillé dans un bar de rue ?

Oui, au *Smoking Panda* à Sydney. C'était un bar à cocktails en plein cœur de Sydney où tous les bartenders se retrouvaient à la fin de leur shift pour boire un cocktail, échanger et décompresser de leur dure journée de travail.

Qu'aimez-vous dans les cocktails ?

Comme Mathieu, j'aime le fait de ne pas avoir de limite. Toutes les associations de saveurs sont possibles.

Pourquoi avez-vous postulé dans un hôtel de luxe ?

Pour découvrir une clientèle internationale qui a des exigences bien précises et a le sens du détail.

Parlez-nous de votre bar

Un lieu de vie, convivial, avec du passage, qui ouvre ses portes à 7 h 30 le matin pour le petit déjeuner et ne désemplit qu'à la fermeture, à 1 heure du matin.

Quelle est, selon vous, la différence la plus frappante entre un bar à cocktails classique et un bar d'hôtel de luxe ?

Je dirai l'attitude. Dans un bar, on est un peu plus soi-même ; si on veut dire non à un client ou le mettre dehors, c'est plus facile. Dans un bar d'hôtel de luxe, on ne dit jamais non à la demande d'un client, on essaie de s'adapter, qu'il s'agisse d'un client de l'hôtel ou d'un client extérieur. De manière générale, on agit avec plus de pincettes dans l'hôtellerie de luxe.

Quels sont les cocktails les plus consommés par les clients ?

En plus des cocktails à base de tequila et nos créations, il y a l'incontournable Espresso Martini que nous servons avec notre machine à azote.

Quel est l'équilibre entre les cocktails classiques et vos propres créations ?

60 % de créations pour 40 % de classiques.

Y a-t-il une personne en particulier que vous avez eu le plaisir de servir ?

Une fois le rappeur Drake est venu avec sa sécurité et ses proches. Une femme déjeunait avec son petit ami, l'a laissé tout seul pour s'installer à la table du célèbre rappeur.

Quel est votre alcool préféré ?

Le rhum.

Quel cocktail avez-vous choisi pour représenter votre établissement ?

Le Chili Chili Bang Bang. Il est à la carte depuis quinze ans et est connu de toute la clientèle

»

LE CHILI BANG BANG

PAR MATHIEU CLAVIER ET MATTHIAS ASO

Ingrédients

5 cl de tequila blanche infusée aux piments jalapeños (faite maison)

3 cl de liqueur de fruit de la passion

3 cl de jus d'ananas frais

2,5 cl de jus de citron vert frais

1,5 cl de sirop de canne

Glaçons

Le piment, c'est comme le bitter, ce flacon d'assaisonnement à cocktail, point trop n'en faut ! Ici, le fruité exotique se fait vite rattraper par le feu du piment, mais vous pouvez aussi décider de prendre les choses en main. Il sera question de muscler votre jeu pimenté pour y déceler l'aromatique de ce petit poivron énervé.

Instructions

- Mélanger tous les ingrédients au shaker.
- Remplir un verre (ici en forme de corne) avec des cubes de glace.
- Remplir le verre avec la préparation.

LE FAIS-MOI MAL

RECETTE REVISITÉE DU CHILI BANG BANG

Par Baptiste Bochet

Ingrédients

pour un cocktail

5 cl de tequila blanche[1]

3 cl de liqueur de fruit de la passion ou le jus d'un fruit de la passion

3 cl de jus d'ananas frais

2,5 cl de jus de citron vert frais

1,5 cl de sirop de sucre simple[2]

Votre piment préféré, en poudre

1 rondelle de citron vert (garniture)

Comme tous les ingrédients de la recette originale sont assez simples à trouver, nous allons jouer sur l'intensité du piment. Pour le Fais-Moi Mal, c'est vous le réalisateur, donnez au piment le rôle que vous souhaitez pour lui. Il trouve sa place à toutes les intensités mais tel un acteur un peu trop atypique, aurez-vous la poigne nécessaire pour le gérer ? La danse se fait entre la tequila et la passion, entre fraîcheur et notes structurées, à moins que vous n'y placiez au milieu ce satané trublion un peu trop exubérant. Privilégiez une sauce pimentée plus que du piment frais, pour la praticité... Pour vous assurer d'obtenir un résultat fun à boire et à partager, commencez avec peu de votre piment préféré avant d'augmenter la dose au fil de la dégustation. Il suffit de remuer à la cuillère après chaque ajout.

Si vous ne pouvez pas vous procurer de bonne tequila, optez pour un rhum léger type Havana Club ou une vodka comme la Wyborowa. Il existe une Absolut Vodka aromatisée au fruit de la passion. (Si vous l'utilisez, n'ajoutez pas de liqueur de passion, mais versez 7 cl de vodka et ajoutez 0,5 cl de sirop de sucre.). Pour la liqueur de fruit de la passion, je vous recommande FAIR Passion, une marque française sympa et engagée. À défaut, ouvrez un fruit de la passion et utilisez-en le jus, filtré de ses pépins.

Instructions

- Versez tous les ingrédients, sauf le piment, dans un shaker, ajoutez des glaçons, secouez 15 secondes et servez en filtrant dans un verre tumbler sur glaçons.
- Décorez d'une rondelle de citron vert, il paraît que ça calme un peu le feu. Ou servez à côté un petit verre de lait...
- Ajoutez à ce moment-là la dose de piment qui vous sied le mieux.

1. Calle 23, Tapatio, Don Fulano ou autre alcool blanc et léger .
2. + 1 cl si le choix se porte sur un jus de fruit de la passion, pour contrebalancer son acidité.

Le Four Seasons Mumbaï

UN MUMBAI YACHT CLUB FACE À BOMBAY

Ouvert en mai 2008, le *Four Seasons Hotel Mumbai* est le premier établissement de la marque en Inde. Il surplombe un centre commercial haut de gamme et donne soit sur la mer d'Oman et l'hippodrome de Mahalaxmi, soit sur la ville la plus peuplée d'Inde (plus de 12 millions d'habitants !). Capitale commerciale de l'Inde, Bombay (c'est son autre nom) attire nombre de voyageurs d'affaires qui, le soir venu, ont besoin de se relaxer dans un endroit calme et pas trop surpeuplé.

C'est au *Four Seasons Mumbaï* que l'on trouve le restaurant le *San : Qi* qui propose le meilleur de l'Asie, soit une cuisine indienne, japonaise, thaïlandaise et/ou chinoise.

Sur le toit de l'hôtel, l'*AER* compte parmi les meilleurs bars du monde avec ses fabuleux cocktails, son service impeccable, son ambiance chic et ses vues panoramiques. Sa carte a été élaborée par le célèbre mixologue Alexandre Renoue, dit Alex.

Conseil cocktail

Nous vous conseillons notamment le Mumbai Yacht Club (gin au citron, vermouth à la fraise, pastèque, Galgal, épices indigènes de Lalbaug).

LE TORRENTIAL JUNGLE

DU *FOUR SEASONS MUMBAÏ*

Ingrédients

4 cl de mezcal (ou tequila)

2 cl de jus de pamplemousse

0,5 cl de sirop de sucre

8 cl d'eau tonique

7 feuilles de menthe

On renforce les notes aromatiques associées à l'amertume en remplaçant l'eau gazeuse par de l'eau tonique, on y ajoute de la menthe qui apporte fraîcheur et légère amertume également. Agrumes, fumée, notes racinaires et végétales, un banger (terme à la mode signifiant que c'est un incontournable).

Préparation

- Directement au verre, écraser délicatement 6 feuilles de menthe au fond du verre.
- Ajouter le mezcal, le pamplemousse, le sirop de sucre et les glaçons.
- Mélanger pendant 20 secondes, puis terminer par verser le tonic.
- Servir et décorer d'une feuille de menthe.

LE LIGHTNING FURY

RECETTE ORIGINALE

Par Baptiste Bochet

Ingrédients
pour un cocktail

6 cl de cognac VSOP

1 cl de Kraken Rum ou un *spiced rum délicat*

0,5 cl de liqueur de café

1 trait d'angostura bitter

1 orange confite ou un zeste d'orange

Twist d'Old Fashioned au cognac orienté sur les notes torréfiées et épicées avec le rhum épicé, la liqueur de café et le trait d'angostura. Le cognac vient avec une structure boisée et de jolies notes fruitées qui ne vous laisseront pas indifférent. Chaque élément intervient avec parcimonie et délicatesse. Une partition finement jouée pour un cocktail résolument gourmand et élégant.

Préparation

- Mélanger directement au verre sur un gros glaçon.
- Décorer d'une orange confite ou d'un zeste d'orange à défaut.

Le Desa Potato Head

UN BARONG ZOMBIE DEVANT UN MERVEILLEUX COUCHER DE SOLEIL

*Les hôtels de luxe n'ont pas forcément à être guindés ! La preuve en image et en cocktails avec ce resort de plage balinais qui propose une immersion dans l'artisanat local et des cocktails possédant l'*indonesian touch.

« Tête de patate », en voilà un nom étonnant pour un hôtel de luxe ! Ce n'est ni une erreur, ni une faute de goût, mais le choix délibéré de son fondateur Ronald Akili. Notre homme a, en effet, imaginé un resort de plage haut de gamme qui allie esprit décontracté, familial, et qualité et accueil.

Le *Desa Potato Head* est situé à Seminyak, à quelques pas de la plage de Batu Belig, à moins d'un kilomètre de la plage de Petitenget. Son architecture rend hommage à la culture indonésienne, notamment à l'art et à l'artisanat de l'archipel. Les murs de l'hôtel utilisent ainsi un million et demi de briques anciennes, façonnées à la main, issues de temple balinais, tandis que la piscine est habillée de carreaux en pierre verte naturelle (Batu Sakabumi) taillés à la main également. Mobilier, textiles tissés à la main et teints de façon naturelle, artisanat local… Chaque élément est imprégné de sens grâce à la fusion de la tradition ancienne et de l'esthétique moderne.

LE ZOMBIE À LA MODE DE BALI

On retrouve cette dimension locale dans les ingrédients choisis par les restaurants, mais aussi par l'équipe dédiée aux boissons au *Beach Club*. Nous vous conseillons d'y siroter un Barong Zombie. Le cocktail Zombie est un grand classique de la scène tiki, née en 1934 et influencée par le commerce asiatique. À l'époque, au *Potato Head*, nous avons remarqué de nombreuses similitudes entre l'environnement et la culture tiki. L'équipe du bar utilise beaucoup de rhum et des ingrédients comme la cannelle, la noix muscade, la cardamome et le clou de girofle, originaires de Bali, qui ajoutent une touche tropicale à la boisson.
Les barmen ont donc décidé d'imprégner leur cocktail Zombie des saveurs de Bali et de le servir dans des gobelets en bois uniques. Ces gobelets sont d'ailleurs devenus des souvenirs très recherchés du *Beach Club* de l'hôtel. Inspiré par la mythologie et les traditions attachées à une divinité tradition locale, Barong – il ressemble à un lion et ses combats symbolisent la lutte entre le bien et le mal –, très présente dans la culture balinaise, le *Desa Potato Head* lance en 2015 le Barong Zombie, une création de Dre Masso, bartender de légende qui dirige l'endroit. Cette boisson puissante mais rafraîchissante associe des agrumes et des épices, ce qui la rend facile à déguster malgré sa force. Le mug tiki en bois dans lequel le Barong Zombie est servi présente deux visages, l'un joyeux et l'autre triste, symbolisant la double nature de Bali et l'équilibre constamment recherché entre des forces opposées, principe de dualité de la philosophie balinaise et de la vie au *Desa Potato Head*.

AGUSTIN DA SAMBIAGIO

CHARGÉ DES BOISSONS AU *DESA POTATO HEAD*

«

Quel est votre parcours en quelques mots ?

J'ai eu le plaisir de travailler dans différents restaurants en Argentine, à Hong Kong et à Jakarta. Mon objectif principal a toujours été de créer des cocktails mémorables qui complètent parfaitement les plats. C'est à ce titre que j'ai appris l'art de créer des accords et de personnaliser l'expérience de chaque convive.
J'ai aussi eu la chance de travailler à la fois dans des speakeasies et dans des bars de quartier accueillants. Ce que j'aime le plus dans ce type d'endroits, c'est le lien étroit que l'on établit avec les clients. Il y a quelque chose de spécial dans le fait d'être capable de comprendre leurs besoins à un niveau personnel. La liberté d'expérimenter et de créer des boissons uniques ajoute un degré supplémentaire d'excitation à ce travail.

Qu'aimez-vous dans les cocktails ?

Pour moi, faire des cocktails, c'est avant tout créer une expérience inoubliable pour chaque hôte. Il ne s'agit pas seulement de la boisson elle-même, mais du voyage qu'elle lui fait vivre. J'aime le défi que représente la création, le cocktail parfait adapté aux goûts et à la personnalité de chacun. Les possibilités infinies de création, en termes d'ingrédients et de mélanges comme de présentation, entretiennent, au quotidien, la fraîcheur et l'énergie dans le métier.

Pourquoi avez-vous postulé dans un hôtel de luxe ?

J'ai été attiré par le *Desa Potato Head* parce que c'est plus qu'un simple hôtel. C'est une communauté dynamique où les clients sont accueillis à bras ouverts. Ce qui le distingue, c'est la volonté de nos clients d'explorer et d'essayer de nouvelles choses. Travailler ici, c'est comme faire partie d'une grande famille, chaque établissement offrant une expérience unique. C'est un environnement à la fois inspirant et accueillant, et j'ai su que je voulais en faire partie dès que j'en ai franchi la porte.

Comment décririez-vous votre bar ?

Le *Potato Head Beach Club* a pour vocation d'accueillir les vibrations tropicales et exotiques, en offrant une atmosphère relaxante et une vue imprenable. Nous nous adressons à ceux qui recherchent une boisson rafraîchissante qu'ils peuvent savourer toute la journée. Nos cocktails sont donc faciles à boire et ne sont pas trop secs, comme un martini classique. Nous sommes fiers de nous approvisionner en ingrédients locaux et d'adopter une approche « zéro déchet ».

Comment décririez-vous la clientèle ?

Notre clientèle est très variée. Nous voyons un mélange de locaux et d'étrangers tout au long de l'année, avec une présence notable de clients asiatiques selon la saison. Nous accueillons des familles, des jeunes.

Quels sont les cocktails les plus consommés par les clients ?

Tous pour être honnête ! Nos clients apprécient une grande variété de cocktails, chacun ayant son préféré. Nous vendons plus de cocktails que de bières ou de vins, ce qui reflète la diversité des préférences de notre clientèle.

Quel est l'équilibre entre les cocktails classiques et vos propres créations ?

Nous respectons les cocktails classiques en tant que références, mais nous aimons leur donner une touche unique *via* l'incorporation d'ingrédients traditionnels et locaux. Nous aimons également expérimenter de nouvelles techniques, comme l'utilisation d'arachides infusées, afin de créer des boissons innovantes qui conservent à notre carte toute sa fraîcheur.

Quel est votre spiritueux préféré ?

Mon alcool préféré est l'arak. Il occupe une place particulière pour moi, car il symbolise un beau mélange de traditions, à la fois anciennes et nouvelles. Il est fabriqué selon des méthodes traditionnelles, mais des entreprises innovantes utilisent également des technologies de pointe pour en produire.

Votre ingrédient magique ?

Pour moi, c'est l'agrume rose. C'est un ingrédient emblématique du *Desa Potato Head*, fabriqué à partir d'un mélange d'écorces et de pelures d'agrumes infusées avec de la fleur de roselle. Non seulement il ajoute de l'acidité et de la couleur à nos cocktails, mais c'est aussi un ingrédient durable, qui s'inscrit dans notre engagement à réduire les déchets.

Quelle est votre définition d'un bon cocktail ?

Pour moi, un bon cocktail est une question d'équilibre. Il s'agit de trouver l'harmonie parfaite entre les saveurs, en veillant à ce qu'aucun élément ne prenne le pas sur les autres.

»

LE BARONG ZOMBIE

PAR AGUSTIN DA SAMBIAGIO

Ingrédients

3 cl de rhum épicé

1 cl de liqueur de fruits noirs et de mandarine (à Bali, les mandarines ont un goût amer, acide et sucré très particulier, c'est un ingrédient local)

1 cl de falernum (fabriqué localement avec des épices indonésiennes)

2 cl d'absinthe (fabriquée localement avec des épices indonésiennes)

3 cl d'arak à l'ananas

2 cl de jus d'ananas

2 cl de jus de canne à sucre

2 cl de jus de citron vert

1 cl d'agrume rose

Les cocktails Tiki viennent avec un vrai bagage aromatique, de ceux qui ne passent pas en cabine… Le Zombie original et ce Zombie en sont la preuve. Un cocktail gourmand, moins alcoolisé que sa version créée par Donn Beach. Très porté sur les notes végétales qui se marient très bien avec l'ananas. La liqueur de fruits noirs associée au rhum épicé forment une équipe B qui vient étoffer la trame aromatique.

Instructions

- Versez tous les ingrédients dans un shaker.
- Secouez et versez dans un grand mug tiki.
- Complétez avec de la glace pilée.
- Décorez avec du citron vert frais et une fleur de frangipanier[1].

1. Le frangipanier est la fleur nationale de Bali, que l'on voit souvent dans les jardins des temples et dans les offrandes.

LE Z COMME ZOMBIE

RECETTE REVISITÉE DU BARONG ZOMBIE

Par Baptiste Bochet

Ingrédients

pour un cocktail

3 cl de rhum épicé[1]

3 cl de rhum léger[2]

1 cl d'absinthe ou de pastis Henri Bardouin

1 cl de liqueur de myrtille[3]

4 cl de jus d'ananas

2 cl de sirop de sucre simple

2 cl de jus de citron vert

1 cl de jus de pamplemousse

1 pincée de cannelle en poudre

1 pincée de clou de girofle en poudre (ou 1 clou écrasé au fond du shaker)

Le Zombie proposé par le Desa Potato Head est un twist du Zombie de ce cher Don the Beachcomber (cet Américain considéré comme le « père » de la culture tiki), un cocktail créé dans les années trente aux États-Unis. Il rencontra un tel succès que les clients faisaient la queue pendant des heures dans l'espoir d'en siroter un. Don refusait de servir plus de deux Zombies à un même client, du fait du degré d'alcool de ce cocktail… Ma version du Zombie avec toutefois un rapport à l'anisé bien plus raisonnable que pour le Barong. Les fruits noirs sont encore de la partie et la myrtille s'associe toujours très bien avec le végétal. Le rhum n'est pas en reste mais c'est l'épice que l'on met en avant, renforcée par l'ajout de cannelle et de clou de girofle. Les fruits frais fournissent un matelas confortable comme tampon entre l'intensité du cocktail et votre langue. Il faut la ménager, on n'en a qu'une !

Instructions

- Mélanger tous les ingrédients directement au shaker.
- Servir dans un mug tiki.

1. Sable noir pour le premium, Kraken, Captain Morgan ou Plantation Canerock.
2. Havana Club ou Plantation 3 Stars.
3. Fruit qui s'harmonise avec les épices et les notes anisées.

Le Raffles Singapore

LE BERCEAU DU SINGAPORE SLING

Voici un lieu particulièrement chargé d'histoire, et d'histoires, puisque depuis son ouverture en 1887, il a vu défiler une foule de stars et de personnages célèbres, tandis que des œuvres comme Le Livre de la Jungle *ont été écrites entre ses murs de style néocolonial. C'est aussi le lieu de naissance du* Singapore Sling, *le cocktail national de la cité-État, qu'on peut toujours déguster au* Long Bar.

Singapour est une cité-État de 724,2 km^2 répartis sur 63 îles, située à l'extrême sud de la péninsule Malaise. Il s'agit d'une ville très densément peuplée, mais qui a su laisser une large part à la végétation (d'où son statut de ville jardin), et très développée économiquement et socialement. Son quartier d'affaires est un des plus *busy* au monde ! C'est à quelques encablures de ses immenses gratte-ciel de verre et de métal (et du Singapore Expo, le centre international de congrès et d'expositions), dans une des dernières bâtisses de style colonial du secteur, que se dresse le *Raffles Singapore*. Si la première pierre de l'hôtel a été posée en 1887, il a beaucoup évolué et grandi depuis. On y trouve toutefois ce côté hors du temps propre aux bâtiments anciens qui séjournent aux côtés d'une modernité vibrante. Le *Raffles* est également proche d'activités de loisirs telles que le casino du *Marina Bay Sands*, les sites culturels d'Arab Street et de Chinatown, les boutiques du centre commercial *Raffles City* ou encore la zone commerçante d'Orchard Road. Bref, on vous parle ici d'une véritable légende de l'hôtellerie, immortalisée dans les romans de Somerset Maugham et de Rudyard Kipling, et qui a vu séjourner des mythes comme Ernest Hemingway, Ava Gardner ou Michael Jackson !

UN RESTAURANT D'ANNE-SOPHIE PIC

Si l'hôtel a su conserver son atmosphère d'antan, c'est sans doute son incroyable offre de restauration. On y trouve le *Yi* du chef Jereme Leung, avec une cuisine chinoise moderne, ou l'avant-gardiste *Butcher's Block* du chef Jordan Keao,

RAFFLES HOTEL

LONG
BAR

originaire d'Hawaï, qui sert des animaux entiers cuits au feu de bois ! Mais aussi le top du top de la cuisine française au *Dame de Pic*, le restaurant étoilé au Michelin de la cheffe Anne-Sophie Pic ! Sans oublier le *Writers bar*, qui rend hommage aux écrivains célèbres qui ont séjourné en ces lieux chargés d'histoire(s). Mais, à tout seigneur tout honneur, c'est pour son bar et son cocktail iconique que le *Raffles Singapore* est avant tout connu dans le monde entier.

UN BAR ET UN COCKTAIL HISTORIQUES

C'est donc au *Long Bar* qu'a été créé le cocktail qui deviendra la boisson nationale singapourienne : le Singapore Sling. Dans le Singapour colonial du début des années 1900, lorsque l'amélioration des réseaux ferrovière et routier a autorisé l'arrivée chaque week-end des propriétaires de plantations de caoutchouc et d'huile de palme de Malaisie à Singapour, le *Long Bar* était situé à Cad's Alley. Il ne s'agissait pas d'un bar formel, mais plutôt de tables placées les unes à côté des autres sur Bras Basah Road. Connu comme « le rendez-vous des planteurs », il offrait un bon point de vue pour observer le monde qui passait.

Il était courant de voir des messieurs boire des verres de gin ou de whisky, mais l'étiquette voulait que les dames ne consomment pas d'alcool en public. Par souci des convenances, on leur servait des thés et des jus de fruits. En 1915, le barman du *Raffles*, Ngiam Tong Boon, plein de ressources, a décidé de créer un cocktail qui ressemblait à un simple jus de fruits, mais qui était en fait infusé de gin et de liqueurs. À base de gin, il contient également du jus d'ananas, du jus de citron vert, du curaçao et de la Bénédictine, tandis que la grenadine et la liqueur de cerise lui donnent sa teinte rosée. Cette touche délibérément féminine, associée à l'utilisation d'alcool clair, a conduit les gens à penser que le cocktail était socialement acceptable pour les femmes. C'est ainsi qu'est né le Singapore Sling, qui a connu un succès immédiat. C'est ce cocktail mythique, toujours aussi en vogue, que nous vous invitons à déguster. Mais d'abord, laissons la parole au maître des lieux.

OCTOMORE
白州

JOSEPH LIM

DIRECTEUR DE LA RESTAURATION DU *RAFFLES SINGAPORE*

"

Aviez-vous déjà une expérience dans la restauration ?

Oui, j'ai travaillé à l'*Oxo Tower*, à Londres. Je supervise et gère actuellement la sélection des restaurants et des bars du *Raffles Singapore.*

Aviez-vous déjà travaillé dans un bar à cocktails ?

Oui, j'ai eu l'occasion d'y travailler au début de ma carrière.

Qu'aimez-vous dans les cocktails ?

J'aime la variété des styles de cocktails, qui s'adaptent à différentes ambiances et occasions, et la richesse des histoires qu'ils racontent.

Selon vous, quelle est la différence la plus frappante entre un bar à cocktails classique et un bar d'hôtel de luxe ?

Les bars à cocktails dégagent généralement une certaine énergie, tandis qu'un bar d'hôtel de luxe offre élégance et sophistication. Pour le *Long Bar*, c'est l'histoire unique des origines du Singapore Sling et l'héritage qu'il chérit qui le distinguent des autres bars.

Comment décririez-vous la clientèle ?

Le *Long Bar*, qui a vu naître le premier Singapore Sling, a toujours attiré une clientèle variée. À la fin des années 1800 et au début des années 1900, le profil de la clientèle se composait principalement de propriétaires de plantations locales, de voyageurs et de membres de la communauté britannique présents à Singapour. Le glamour de l'âge d'or du voyage a amené de nombreuses personnalités distinguées, dont Rudyard Kipling, Charlie Chaplin, James A. Michener, Joseph Conrad et Ava Gardner, à venir de loin jusqu'aux rives de Singapour et, naturellement, au *Raffles Singapore*. Aujourd'hui, le *Long Bar* continue à accueillir un bon mélange de clients du monde entier et de la communauté locale, qui viennent déguster le légendaire Singapore Sling et participer au rituel amusant qui consiste à jeter négligemment les coquilles de cacahuètes sur le sol, une pratique lancée par les propriétaires des plantations locales dans les premiers jours de l'établissement.

Quels sont les cocktails les plus consommés par les clients ?

Le Singapore Sling original, bien sûr !

Quel est l'équilibre entre les cocktails classiques et vos propres créations ?

Le Singapore Sling occupe le devant de la scène au *Long Bar*, sa véritable maison, où le barman du *Raffles*, Ngiam Tong Boon, l'a créé pour la première fois en 1915. Outre le Singapore Sling original, qui est aujourd'hui durable grâce à l'utilisation d'ecoSPIRITS, de pailles biodégradables en amidon de pomme de terre, et à la mise en œuvre d'un programme de reforestation, nous proposons d'autres variantes du Sling, à savoir le Raffles 1915 Gin Sling, le Sakura Sling et le Vintage Sling, une concoction exceptionnelle élaborée à partir d'une collection privée de spiritueux anciens des années 1950. Parmi les autres cocktails proposés au *Long Bar*, on trouve des classiques agrémentés d'une touche locale singapourienne et des créations inspirées des plantations.

Quel est votre spiritueux préféré ?

Mon alcool préféré est le rhum, car il est polyvalent, savoureux et très sous-estimé. On peut le déguster mélangé ou seul.

Votre ingrédient magique ?

L'ingrédient magique des cocktails est pour moi l'amer, qui leur confère une longueur et une complexité remarquables.

Y a-t-il une personne en particulier que vous avez eu le plaisir de servir ?

Recevoir toute la légendaire équipe de football de Manchester United au *Long Bar* en 2001 reste encore très présent dans ma mémoire.

La demande la plus folle d'un client ?

Une des expériences les plus mémorables que j'ai vécues est celle d'un client qui nous a demandé de lui trouver une bague de fiançailles pendant qu'il était au *Long Bar* !

»

LE SINGAPORE SLING

PAR JOSEPH LIM

Ingrédients

3 cl de gin London dry

1 cl de liqueur Bénédictine DOM

1 cl de Pierre Ferrand Dry Curaçao ou de Grand Marnier

1 cl de Luxardo Cherry Sangue Morlacco

1 cl de sirop de grenadine

1 trait d'Angostura Bitter

2 cl de jus de citron vert frais

60 ml de jus d'ananas frais

Ce cocktail bouscule notre compréhension de l'harmonie aromatique nécessaire dans un cocktail. Je me suis longuement interrogé sur la construction de ce cocktail, sur son orientation aromatique, son harmonie… C'est un cocktail à la fois végétal, fruité, tropical avec l'ananas, aux saveurs d'agrumes avec l'orange amère de la liqueur triple sec, mais aussi sur les fruits noirs comme la cerise et la grenade… Il est épicé avec le trait d'Angostura Bitter qui apporte des arômes de baie de Jamaïque (proches du clou de girofle) et de cannelle…

Instructions

- Mélanger tous les ingrédients et servir dans un verre refroidi.

LONG
BAR
Singapore Sling
RAFFLES
HOTEL

LE GUNSLINGER

RECETTE REVISITÉE DU SINGAPORE SLING

Par Baptiste Bochet

Ingrédients
pour un cocktail

4 cl de gin London Dry

2 cl de liqueur Cherry Heering, essayez donc avec du Guignolet, une version française

0,5 cl de bénédictine

2 cl de jus de citron vert

6 cl d'eau gazeuse

1 trait d'angostura bitter

Mettons de l'ordre dans tout ça en tirant en l'air à la manière d'un gunslinger. Ici, le gin prend les rênes et peut compter sur une équipe de choc qui sait toutefois qui est le chef. On retrouve donc, en premier lieu, les notes fraîches et franches de genièvre et d'agrumes du gin. Ensuite, viennent quelques notes d'amande amères ainsi qu'un joli fruité compoté d'une confiture de cerises noires un peu trop cuite. On termine par l'herbacé et l'épicé tout en discrétion avec la bénédictine et l'angostura bitter. Gazeux et explosif, reposant et rafraîchissant, pas un mot plus haut que l'autre.

Instructions

- Assembler dans un verre highball tous les ingrédients sauf l'eau gazeuse et l'angostura.
- Ajouter de gros glaçons et mélangez à la cuillère pendant 20 secondes.
- Ajouter l'eau gazeuse, harmonisez à l'aide de votre cuillère, puis rajoutez le trait d'angostura.
- Servez.

Le Conrad Singapore Orchard

Entrer dans le *Conrad Singapore Orchard* est une expérience en soi, tant le lobby est impressionnant. On a l'impression de pénétrer dans une immense pyramide de lumière ! On accède aux différents niveaux *via* des ascenseurs placés au centre de l'édifice. C'est la retraite rêvée pour se couper de l'effervescence de cette cité-État située à la pointe de la Malaisie.

Ce qui a particulièrement retenu notre attention, c'est son bar : le *Manhattan*. Ce dernier abrite en effet plus de 100 fûts de chêne américain provenant d'une petite tonnellerie du Minnesota, qui sont utilisés pour terminer le vieillissement de whiskies et autres spiritueux, ainsi que pour le vieillissement des bitters et de cocktails en fûts uniques. Le *Manhattan* a adopté le concept du « vieillissement en Solera » pour ses cocktails, une technique initialement développée par les Espagnols et les Portugais pour les sherries, afin de maintenir une certaine homogénéité entre les différents millésimes.

Dans ce procédé, les vins – ou dans le cas du *Manhattan*, les cocktails – sont stockés dans des fûts, et le contenu des fûts les plus anciens est combiné aux plus jeunes pour créer un mélange maison cohérent. Le résultat est un mélange sophistiqué de jeunes liquides qui apportent de la fougue, et d'anciens qui apportent de la profondeur, du caractère, de la complexité et de la rondeur dans le verre. Une expérience unique, à notre connaissance !

Conseil cocktail

Nous vous conseillons donc d'opter pour des classiques revisités comme le Negroni ou le Manhattan.

THE MAJESTIC

RECETTE REVISITÉE DU CONRAD SINGAPORE ORCHID

Par Baptiste Bochet

Ingrédients
pour un cocktail

3 cl Mancino Vecchio ou d'un vermouth doux italien

2 cl de Bols Genever (ancêtre du gin)[1]

0,5 cl de Mr Black Amaro ou d'une liqueur de café amère

2 cl d'Amontillado Sherry[2]

3 graines de cardamome noire

1 demi-cuillère à café de vinaigre balsamique

Cerise au marasquin ou zeste d'orange

Mi Martinez Mi Adonis, ce cocktail n'est pas une mince affaire. Pourtant, avec un peu d'expérience, on comprend pourquoi il fonctionne bien. Le concerto de l'empyreumatique commence et c'est un chef d'orchestre majestueux qui guide les ingrédients.

Préparation

- À préparer au verre à mélange.
- Mettre les graines de cardamome noire.
- Ajouter le Genever puis mélanger. Celui-ci va absorber les arômes de la cardamome. Ajouter les autres ingrédients. Mettre de gros glaçons, puis mélanger pendant 30 secondes. Servir dans une coupe à cocktail et décorer d'une cerise au marasquin ou d'un zeste d'orange.

1. Il existe plusieurs Genevers chez Bols. Je serais serais tenté de vous recommander de prendre celui qui a passé du temps en fût. La trame boisée va apporter (encore plus de) complexité à votre cocktail.
2. Vin espagnol de la région de Jerez. Il présente la particularité d'être un vin de voile qui s'est transformé en vin oxydatif. Prenez Lustau ou William Humbert.

Le Four Seasons Bangkok

UNE TOUCHE D'ARGENTINE AU BORD DE LA RIVIÈRE PHRAYA

Arrivé depuis 2020 dans son nouveau complexe imaginé par l'architecte belge Jean-Michel Gathy, le Four Seasons Bangkok *est un véritable havre de paix niché au bord du majestueux Chao Phraya. Son bar, le* BKK Social Club *rend hommage à la culture argentine.*

Après avoir rendu les clés de son immeuble situé en centre-ville en 2015, c'est dans un nouvel écrin au bord du fleuve Chao Phraya que le *Four Seasons Bangkok* a rouvert ses portes en 2020, soit en pleine pandémie de Covid-19 ! Cela ne l'a pas empêché de devenir un des points névralgiques de la mégapole thaïlandaise. L'architecte belge Jean-Michel Gathy (à qui l'on doit notamment le *Marina Bay Sands* en Malaisie) l'a pensé comme une ligne de blocs cubiques qui forme un élégant mur de verre face au cours d'eau. Alors que la cité est particulièrement vivante et bruyante, passé l'immense hall d'entrée (8 mètres de hauteur !), on se trouve immédiatement plongé dans une ambiance zen.

Le bien-être est au centre de l'expérience au *Four Seasons Bangkok, via* un spa qui propose des lipomassages anti-cellulite, des massages asiatiques, ou des séances d'aquagym dans une piscine dédiée de 30 m^2. Des séances de guérison holistique, avec des exercices de méditation de pleine conscience ou dans des bassins sources de vitalité, sont proposées.

Light

« Un bar à la croisée des inspirations thaïlandaises et... argentines. »

L'hôtel cinq étoiles propose également une magnifique piscine extérieure à débordement donnant sur le fleuve.

UN BAR COMME À BUENOS AIRES !

Côté restauration, il y a le choix ! *Le Riva*, inspiré du lac de Côme (en Italie) et supervisé par le chef Andrea Accordi, propose au monde une des meilleures cartes de cuisine italienne non préparée dans la « botte italienne ». La *Brasserie Palmier* et son bar à huîtres misent sur la cuisine française et le *Cafe Madeleine* sur les macarons. Pour déguster de la cuisine un peu plus locale, vous pourrez vous attabler au restaurant une étoile *Yu Ting Yuan*. Enfin, n'hésitez pas à vous rendre au *BKK Social Club*, un bar à la croisée des inspirations thaïlandaise et... argentine (plus précisément de Buenos Aires). Philip Bischoff et ses équipes y font vivre une carte de cocktails décoiffante et d'ores et déjà célèbre, notamment grâce à son cocktail phare, l'Evita ! Tâchons d'en apprendre davantage sur lui.

BKK
SOCIAL
CLUB

PHILIP BISCHOFF

CHEF BARMAN AU *BKK SOCIAL CLUB*

«

Avez-vous déjà eu une expérience dans la restauration ?

Oui, j'ai travaillé pour un groupe de restauration à Berlin en tant que directeur des opérations. Mais pas très longtemps. Après avoir occupé le poste de directeur de bar, puis celui de directeur de restaurant, j'ai eu la chance de partir à Singapour.

Qu'aimez-vous dans les cocktails ?

Je pense que, comme la bonne cuisine, les cocktails sont un excellent moyen d'apprécier certains ingrédients quand ils sont délicieusement associés à d'autres. Certaines compositions sont plus complexes, d'autres sont vraiment simples, mais elles sont toutes très savoureuses. Personnellement, je suis un adepte de la simplicité et j'aime que les choses soient bien faites.

Selon vous, quelle est la différence la plus frappante entre un bar à cocktails de rue et un bar d'hôtel de luxe ?

De nos jours, les « lignes » sont de plus en plus floues, car de plus en plus de bars indépendants proposent des services et des détails similaires à ceux d'un hôtel. Je pense que la différence la plus significative est vraiment l'emplacement et l'environnement immédiat d'un bar d'hôtel. Cela se traduit de plusieurs manières, à commencer par l'infrastructure, la logistique, les outils de soutien et accès, pour ne citer que quelques points positifs.

Comment décririez-vous la clientèle ?

Tout cela à la fois. Je pense que la beauté d'un bar d'hôtel moderne réside dans l'incroyable mélange de clients. Nous avons une très forte demande de la part de clients extérieurs à l'hôtel. En moyenne, ils représentent 75-80 % de la fréquentation. Il s'agit d'un mélange de locaux, d'expatriés et de personnes qui explorent Bangkok en tant que touristes ou pour le travail. Nous sommes reconnaissants à tous ceux qui franchissent nos portes.

Pourquoi avez-vous donné une touche argentine au bar de l'hôtel et à ses cocktails ?

Nous nous sommes inspirés du style art nouveau argentin des années 1920 et nous avons suivi cette voie pour notre premier voyage culinaire et liquide. Cela nous a également permis d'apporter au marché quelque chose qui n'existait pas auparavant. Le prochain menu aura une nouvelle inspiration culinaire…

Comment la culture thaïlandaise est-elle représentée dans le bar et le menu ?

Outre l'inspiration argentine, nous avons étudié la manière dont nous pouvions nous enraciner dans l'environnement local, c'est pourquoi menu et carte offrent une combinaison de saveurs sud-américaines et de touches locales.

Utilisez-vous (et comment) des spiritueux et d'autres ingrédients locaux dans vos cocktails ?

En référence à ce qui précède. Dans tout l'hôtel, nous utilisons des spiritueux et des arômes locaux ou régionaux. La nouvelle carte nous permet également d'intégrer davantage de fruits locaux.

Quels sont les cocktails les plus consommés par les clients ?

Le plus vendu actuellement est La Pampa, une version du cocktail classique Bee's Knees. Cette boisson de type gin sour combine le gin argentin Apostoles avec des miels de longane et d'eucalyptus locaux, et d'un mélange d'acide citrique en solution.

Quel est l'équilibre entre les cocktails classiques et vos propres créations ?

Les cocktails maison sont les plus demandés, mais nous avons aussi une bonne représentation de boissons classiques.

Quel est votre alcool préféré ?

Cela dépend de l'humeur et de l'endroit. J'aime les whiskys (américains et single malts…), mais aussi les tequilas et les mezcals...

Votre ingrédient magique ?

L'hospitalité ! Les boissons doivent être bonnes, mais elles sont d'abord l'occasion de vivre une expérience exceptionnelle.

La demande la plus folle ?

Les gens normaux ne reçoivent que des demandes normales. »

SOCIAL

L'EVITA

PAR PHILIP BISCHOFF

Dans l'esprit d'un Jungle Bird court et frais en plus percutant, l'ananas en moins. En effet, contrairement à ce dernier, l'Evita évite le jus d'ananas dans son cocktail mais salue tout de même ce fruit qui est sous la forme d'une infusion et distillation dans le rhum employé. Un cocktail aux notes d'oranges amères, d'épices douces et aux arômes herbacés. Dans l'Evita, le laurier est là pour réhausser le caractère herbacé du Campari, l'Aperol apporte ses notes d'orange amère. L'acide citrique a, ici, une utilité double : conserver au cocktail son aspect translucide et permettre une plus longue conservation dans les mini-bars de l'hôtel car c'est en réalité la pulpe du citron qui peut se révéler problématique. On s'attend donc à un cocktail complexe, élégant, aromatique, mais aussi rafraîchissant grâce à l'acidité et à l'amertume présentes en quantité.

Ingrédients

4,5 cl de Planteray Stiggins Pineapple Rum

1 cl d'Aperol

1 cl de Campari

2 cl d'acide citrique

2 cl de sirop de feuilles de laurier à la cannelle

Instructions

- Verser les ingrédients, dans l'ordre indiqué, dans une coupe qui contient un glaçon en forme de diamant.
- Remuer à la cuillère.
- Pour la décoration, déposer délicatement un zeste de citron et un zeste d'orange.

L'ESQUIVA

RECETTE REVISITÉE DE L'EVITA

Par Baptiste Bochet

Ingrédients
pour un cocktail

4 cl d'un rhum blanc léger[1]

1 cl d'Aperol

1 cl de Campari

2 cl de jus de citron jaune

2 cl de sirop de sucre simple

1 rondelle d'ananas séché

¼ de c. à café de cannelle en poudre

1 c. à café de poudre de laurier

Sachet filtre à thé en papier

Sucre blanc en poudre

Le Rhum Planteray Pineapple Stiggins de la recette originale est infusé à l'ananas. Si vous ne le trouvez pas chez votre caviste ou sur Internet, remplacez-le en faisant infuser de l'ananas dans votre rhum. Le mieux est de prendre de l'ananas séché, car il va se gorger d'alcool et libérer ses arômes à vitesse grand V. Nous allons donc bénéficier du pouvoir de captation aromatique de notre alcool fort. Le rhum va permettre de réaliser une extraction minute des arômes d'ananas, de laurier et de cannelle. Un rhum arrangé minute en somme.

Instructions

- Ajuster les quantités en fonction de ses goûts et de la qualité de l'ananas séché, des poudres de cannelle et de laurier.
- Dans 4 cl de rhum blanc, mettre 1 rondelle et demie d'ananas séché, découpée en petits morceaux.
- Ajouter ¼ de c. à café de cannelle en poudre et 1 c. à café de poudre de laurier.
- Faire infuser 30 minutes, puis filtrer à travers un sachet filtre à thé en papier.
- Verser dans un joli verre le rhum infusé, le sirop de sucre, le jus de citron, l'Aperol et le Campari.
- Ajouter un gros glaçon, mélanger jusqu'à ce que les parois du verre de service givrent.
- Décorer d'un zeste de citron et d'un zeste d'orange.

1. Havana Club 3 ans, Don Q white, Plantation 3 stars…

Le Upper House

UNE TOUCHE DE GALICE EN PLEIN CŒUR DE HONG KONG

Laissez-vous conquérir par cet hôtel entre ciel, mer et terre où toutes les chambres ont une vue à couper le souffle. C'est aussi une oasis de calme au cœur d'une des mégapoles les plus denses du monde. Et la carte de cocktails est à tomber !

The *Upper House* occupe plusieurs étages d'une immense tour située au cœur du quartier des affaires de Hong Kong. L'ensemble a été imaginé par le célèbre architecte et décorateur d'intérieur hongkongais André Fu (une suite porte d'ailleurs son nom). Son approche croise le minimalisme japonais et des influences contemporaines occidentales. Tout est en lignes épurées, la décoration est sobre et élégante. Plusieurs terrasses, dont une recouverte d'herbe au 6e étage de l'hôtel, vous permettront de profiter des espaces extérieurs, sans descendre dans la rue.

L'*Upper House* se distingue par ses excellentes tables. Le *Café Gray Deluxe,* ouvert en partenariat avec le chef suisse Gray Kunz, offre une vue panoramique sur Victoria Harbour. Le *Continental* propose un menu d'inspiration classique et une terrasse tranquille toute l'année. Petit plus, il est possible d'y faire manger ses animaux de compagnie sur une terrasse dédiée. Tandis que le *Salisterra* (ce qui signifie « sel de la terre » en latin) capture la richesse de la Méditerranée dans un lieu qui reprend les codes d'un bistrot de quartier, le luxe en plus.

GAIL LANORIAS

MANAGER OPÉRATIONNEL AU *SALISTERRA BAR*

"

Quel est votre parcours en quelques mots ?

Je suis entrée dans cette carrière par accident. J'étais censée faire une école de danse, mais j'ai trouvé un emploi dans un bar-restaurant et je suis tombée amoureuse de ce métier. Je travaille dans l'hôtellerie depuis plus de dix ans et j'ai exercé tous les métiers imaginables, à l'exception de celui de cuisinier. Serveuse, barmaid, sommelière. J'ai tout fait.

Aviez-vous déjà travaillé dans un restaurant ?

Oui, avant cela, j'ai travaillé dans des restaurants indépendants pendant des années.

Aviez-vous déjà travaillé dans un bar de rue ?

Oui, j'ai commencé à travailler dans ce type d'établissement.

Qu'est-ce qui vous plaît dans les cocktails ?

J'aime le fait que le métier de barman et la préparation de cocktails soient reconnus ; un métier qui s'apprend chaque jour. Il y a toujours quelque chose à améliorer.

Pourquoi avez-vous postulé dans un hôtel de luxe ?

Après avoir travaillé pendant des années dans des bars et des restaurants indépendants, j'avais envie de me diversifier et d'essayer quelque chose de différent.

Selon vous, quelle est la différence la plus frappante entre un bar à cocktails classique et un bar d'hôtel de luxe ?

Les attentes des clients, qu'ils soient satisfaits à chaque visite. C'est l'un des plus grands défis et l'un des plus grands plaisirs : faire en sorte qu'un client se sente vu et pris en charge à chaque fois.

Comment décririez-vous la clientèle ?

C'est très difficile à dire. La beauté des bars d'hôtels de luxe réside dans la grande variété de leur clientèle. On ne sait jamais qui on va rencontrer, mais je pense que nos clients sont plutôt jeunes et aventureux.

Quels sont les cocktails les plus consommés par les clients ?

Les classiques. Nous avons une grande sélection de signatures originales, mais il y a quelque chose dans le fait d'être dans un bar d'hôtel de luxe qui vous donne envie de prendre un *Martini classique*, un *Old fashioned* ou un *Negroni*.

Quel est l'équilibre entre les cocktails classiques et vos propres créations ?

Nous pensons que les classiques sont des classiques pour une bonne raison et nous nous en inspirons donc pour la plupart de nos créations. Notre objectif est de proposer des cocktails accessibles, complexes mais pas compliqués.

Existe-t-il des synergies avec les services de restauration et de sommellerie ?

Oui ! Nous disposons d'une excellente carte des vins, si bien que dans notre bar, les vins fins sont consommés autant que les cocktails.

Qui s'occupe des spiritueux et de leur sélection ?

C'est moi.

Quel est votre spiritueux préféré ?

La tequila.

Votre ingrédient magique ?

Le jus d'ananas frais. J'adore la façon dont il ajoute à la fois de l'acidité, du corps et de la texture à une boisson.

Y a-t-il quelqu'un que vous avez eu le plaisir de servir ? Une anecdote amusante ?

Je ne peux pas citer de noms, mais j'aime particulièrement parler avec les artistes qui restent avec nous pendant Art Basel. Tout le monde est plus détendu dans un bar autour d'un verre et c'est fascinant d'écouter un artiste.

La demande la plus folle ?

Six doses de Don Julio 1942 (une tequila haut de gamme) dans un gobelet de café à emporter. Avec une paille.

»

LE GALICIAN LEMONADE

PAR GAIL LANORIAS

Ingrédients

4 cl de gin Nordès

3 cl de jus d'ananas

2 cl de jus de citron

2 cl de sirop de romarin

Ananas frais (pour le garnish)

C'est le sud, côté océan et côté mer. Le gin est dopé aux notes marines apportées par ses ingrédients… marins. Le raisin employé lors de la dernière distillation du spiritueux apportera fraîcheur et croquance. On pourrait croire que le jus d'ananas présent provoquerait gênance mais je vous suggère de lui laisser le bénéfice du doute car c'est l'ingrédient magique de Gail, la cheffe bartender et maman du cocktail. Le romarin complétera le caractère végétal du gin.

Instructions

- Mélanger tous les ingrédients.
- Servir dans une coupette cocktail.
- Décorez d'un morceau d'ananas frais.

LE DELICIOUS LEMONADE

RECETTE REVISITÉE DU GALICIAN LEMONADE

Par Baptiste Bochet

Ingrédients

pour un cocktail

4 cl de rhum léger

3 cl de jus d'ananas (100 % pur jus !)

2 cl de jus de citron

2 cl de sirop de romarin

4 cl d'eau gazeuse (facultatif)

Je n'ai jamais été fan de l'accord gin/ananas, je trouve que la douceur de ce fruit s'associe assez mal au profil racé de la plupart des gins. Je le remplace ici par un rhum léger, une solution de facilité mais vous me remercierez. Je garde le romarin pour ne pas passer pour le rabat-joie de service. C'est lui qui apporte l'originalité à ce cocktail, oui car au risque de vous surprendre, l'association rhum/ananas a déjà été aperçue dans le passé.

Instructions

- Pour votre sirop de romarin, mélangez 60 g de sucre et 60 g d'eau.
- Faites bouillir.
- Laissez infuser une branche de romarin dans le sirop encore bouillant et laissez refroidir avec la branche dedans.
- Retirez-la et filtrez éventuellement une fois le sirop à température ambiante.
- Mettez tous les ingrédients dans un shaker.
- Ajoutez des glaçons, secouez 15 secondes et servez dans un verre de type highball sur glace.
- Vous pouvez éventuellement ajouter 4 cl d'eau gazeuse pour ajouter de la fraîcheur au cocktail.

Alternative

sans sirop de romarin

- Dans un shaker, placez les feuilles d'une belle branche de romarin et 2 c. à café de sucre blanc.
- Pilez vigoureusement.
- Ajoutez ensuite le restant des ingrédients.
- Secouez sans glaçons 20 secondes pour dissoudre le sucre.
- Ajoutez des glaçons, secouez 10 secondes, puis servez en double filtrant à l'aide d'une petite passoire dans votre verre highball.
- Libre à vous d'ajouter ou non l'eau gazeuse.

Park Hyatt Tokyo

UN BAR *LOST IN TRANSLATION*

Comment résister au plaisir de se prendre pour Bill Murray ou Scarlett Johansson ? C'est en effet au *New York Bar du Park Hyatt Tokyo* qu'ils se sont donné la réplique dans le film *Lost in translation* de Sofia Coppola. Cet hôtel cinq étoiles est situé à partir du 41e étage (celui du lobby) de la Shinjuku Park Tower (proche de la gare de Shinjuku et des quartiers de Shibuya et Takeshita). Il dispose d'une vue à couper le souffle sur la capitale japonaise, et le mont Fuji au loin.

L'hôtel héberge le *Kozue*, un restaurant qui magnifie la cuisine japonaise, le *Girandole*, une brasserie française, et *The Peak Lounge & Bar*, situé dans l'atrium du 41e étage pour le thé de l'après-midi. Mais c'est au *New York Grill and Bar* (on y sert notamment des bœufs de Kobe) que nous vous proposons de boire un verre. Pour faire comme Bill et Scarlett donc, mais aussi parce que c'est un des meilleurs bars à spiritueux et à cocktails de Tokyo, qu'on peut déguster en musique (jazz) et avec la vue.

LE HIGHBALL

RECETTE REVISITÉE DU COCKTAIL DU PARK HYATT TOKYO

Par Baptiste Bochet

Ingrédients
pour un cocktail

4 cl de whisky Suntory

8 à 12 cl d'eau gazeuse

Simple mais pas basique, facile sans l'être, complexe si voulu. Vous l'aurez compris, la qualité de ce cocktail et votre plaisir qui en découle dépendent du whisky employé. Bonne nouvelle, il n'est pas (forcément) nécessaire de casser votre tirelire. J'aime mon Highball avec des notes de céréales fraîches, un léger côté miellé sans être sucré, ajoutez à cela des notes de fruits frais du verger. La recette originale préconise un whisky Suntory: Yamazaki ou Chita, mais je vous suggère le délicieux et accessible Orchard House de Compass Box.

Si vous préférez des arômes fumés, tourbés ou végétaux, optez par exemple pour Hakushu, toujours chez Suntory. Le bon compagnon d'un début comme d'une fin de soirée.

Préparation

- Mélanger les ingrédients directement dans un verre highball, avec de gros glaçons.

Le Halekulani

DÉGUSTER UN RÊVE DE TAHITI... À HAWAÏ

Le Halekulani *de Honolulu à Hawaï est un des plus anciens et des plus réputés hôtels de l'archipel. On y trouve aussi l'un des meilleurs restaurants,* La Mer, *dont le bar* L'Apéritif *est célébré pour ses cocktails élaborés.*

Direction les États-Unis d'Amérique, mais pas les USA auxquels vous pensez spontanément, puisque nous vous emmenons à Hawaï. Plus précisément à Honolulu ! C'est dans cet archipel situé en plein milieu de l'océan Pacifique, que se trouve un des hôtels les plus anciens et les plus connus d'Hawaï : le *Halkulani*. Rénové en 2012, la « la maison digne du paradis », c'est son surnom, accueille des vacanciers depuis 1883, alors qu'il n'était qu'une simple maison de deux étages construite par Robert Lewers. C'est en 1907 qu'il devient un vrai hôtel.

UN APÉRITIF À LA MER

L'hôtel abrite trois restaurants distincts et trois bars aux charmes absolument uniques.
Orchids propose des plats d'inspiration italienne qui font la part belle aux produits de la mer, aux produits locaux et frais. L'ambiance est décontractée et il est aussi possible d'y prendre le thé ou de bruncher.

Le restaurant *House Without A Key* vous accueille pour le petit-déjeuner, le déjeuner ou le dîner. Immortalisé dans un roman de Charlie Chan de 1925, *House Without A* Key est connu pour son Mai Tai emblématique, un classique à déguster sous l'arbre centenaire Kiawe, vieux de plus de 130 ans, avec vue sur l'océan Pacifique et Diamond Head. Le lieu est aussi connu pour ses spectacles musicaux. Le chef Jarrin Otake vous y attend avec son menu de grillades, de pains plats au four en brique, de steaks ou de hamburgers.

Mais c'est véritablement *La Mer*, un des restaurants les plus prisés et primés (AAA Five Diamond et Forbes 5-Star) de l'archipel, qui fait la renommée du *Halekulani*. Le menu de cet établissement, de renommée internationale, présente des ingrédients locaux et tropicaux dans des plats inspirés des saveurs du sud de la France. Il peut aussi s'enorgueillir de posséder une très belle sélection de vins.

C'est là que vous trouverez un bar devenu mythique : *L'Apéritif*. Réalisé en étroite collaboration avec le légendaire *Ritz Paris*, il est décoré d'objets d'art inestimables de la Belle Époque, acquis à Paris par le *Halekulani*. Ici, les clients peuvent savourer les meilleurs apéritifs du monde dans l'ambiance feutrée et enveloppante de cette retraite exquise.

TUDA SARIAN

DIRECTRICE DE LA MIXOLOGIE DU *HALEKULANI*

"

Avez-vous une expérience dans la restauration ?

J'ai commencé ma carrière de barman à New York, mais lorsque je suis rentrée à Honolulu, j'ai travaillé dans plusieurs restaurants et bars du quartier de Chinatown et dans d'autres établissements gastronomiques de Waikiki.

Avez-vous déjà travaillé dans un bar de rue ?

Oui. Lorsque j'ai commencé ma carrière de barman à New York, j'ai été immergée dans une culture qui recherchait plus qu'un cocktail ordinaire et cela m'a donné l'occasion de travailler dans des bars « de niche ». J'ai travaillé dans plusieurs bars à cocktails du Lower East Side de New York, ainsi que chez *Bubby's*, un célèbre restaurant de brunch.
En outre, j'ai pu travailler dans plusieurs boîtes de nuit et lieux musicaux, avant de me tourner vers des bars plus axés sur les cocktails. Chaque poste m'a permis d'en apprendre davantage sur certains types de bars (bars à bière artisanale, bars à bourbon et bars à whisky irlandais). J'ai profité de chaque expérience pour repousser les limites et créer des libations uniques.

Qu'aimez-vous dans les cocktails ?

Chaque aspect d'un cocktail a une fonction spécifique. Je peux faire preuve de créativité et me mettre au défi d'utiliser des ingrédients spécifiques et de faire des infusions personnalisées.

Pourquoi avez-vous voulu travailler dans un hôtel de luxe ?

Le *Halekulani* est un hôtel emblématique, connu pour sa gracieuse hospitalité, son service soigné et l'importance qu'il accorde à la qualité. J'ai postulé ici pour cette raison. La préparation de cocktails et la mixologie sont deux de mes plus grandes passions. Je voulais avoir la possibilité de travailler au plus haut niveau avec des professionnels qui partagent ma passion pour la créativité et le service.

Parlez-nous de ce bar. Comment le décririez-vous ?

L'Apéritif dégage une élégance intemporelle associée à un programme de cocktails progressif. C'est un bar magnifique, mais visuellement minimaliste, où l'accent est vraiment mis sur le service et l'expérience des boissons.

Selon vous, quelle est la différence la plus frappante entre un bar de rue et un bar d'hôtel de luxe ?

Je pense que la distinction entre les deux est de moins en moins nette. Dans les bars de nos hôtels, par exemple, on retrouve la même qualité et la même créativité, ainsi qu'un sens de l'intimité et de l'espace unique, que dans un bar indépendant. Je pense que, dans un certain sens, l'énergie peut être beaucoup plus détendue et accueillante, puisque ces bars existent au sein de la résidence temporaire des clients de l'hôtel. Il suffit de descendre pour profiter d'une élégante soirée de cocktails au bord de la mer.

Comment décririez-vous la gamme de bars de l'*Halekulani* ?

Le *Halekulani* a la chance d'avoir plusieurs options de bar pour nos invités. En plus de *L'Apéritif*, situé à *La Mer*, nous avons le *Earl's Pool Bar* qui propose des cocktails extraordinaires rappelant l'âge d'or des voyages à Hawaï. Situé au bord de la piscine du restaurant emblématique, le bar *House Without A Key* est l'endroit idéal pour déguster

des cocktails au coucher du soleil, y compris le fameux Mai Tai, et pour assister à des spectacles hawaïens nocturnes. C'est un cadre plus décontracté.
Enfin, le *Lewers Lounge* propose de la musique jazz contemporaine en direct, jouée par des artistes renommés et primés. Les cocktails y ont d'ailleurs été créés en l'honneur d'une légende du jazz.

Quels sont les cocktails les plus consommés par les clients ?

Nos menus dans les différents bars de l'hôtel permettent à chacun d'y trouver son compte et un bon mélange de ce qu'il aime. Les cocktails Old fashioned, qui sont notre signature dans les différents bars, ont tendance à être les plus appréciés. Le Rêve de Tahiti ne fait pas exception à la règle, puisqu'il est toujours en tête des ventes à *L'Apéritif*.

Quel est l'équilibre entre les cocktails classiques et vos propres créations ?

Les cocktails classiques le sont pour une bonne raison et il y a de nombreuses façons de « détourner » un classique. Simplement, ils ont tendance à être les expressions les plus basiques et les plus équilibrées des boissons mélangées.
Je ne pense pas vraiment à mes cocktails dans ce cadre lorsque je les crée. Mon processus de réflexion est beaucoup plus axé sur les essais et les réponses jusqu'à ce que je parvienne à un point de stase. Une fois qu'il est terminé, je trouve utile d'expliquer un cocktail aventureux aux invités en le comparant à quelque chose de familier.

Quelqu'un que vous avez eu le plaisir de servir ? Une anecdote amusante ?

Cela fait maintenant 14 ans que je suis barman dans de nombreuses villes, et j'ai tellement d'anecdotes à raconter. Plus récemment, j'ai été absolument ravie lorsque Julie Reiner s'est approchée du bar de *L'Apéritif* et a discuté avec moi du menu. C'est une véritable légende, une Hawaïenne locale, et elle a beaucoup d'histoire avec le *Halekulani*. Sans

oublier qu'elle a été une pionnière pour les femmes dans notre secteur... J'étais très enthousiaste à l'idée de partager mes créations avec mon héroïne professionnelle.

La demande la plus folle ?

Les demandes farfelues font partie du travail et contribuent largement à ma longévité dans le secteur ! En ce qui concerne les boissons, rien n'est trop fou pour moi. Une fois, on m'a demandé de remuer la boisson d'un invité avec mon doigt et, comme je ne suis pas Gaz Regan, j'ai refusé.

Comment est élaborée votre carte de cocktails ?

Pour la carte des cocktails de *L'Apéritif*, j'ai passé du temps à réfléchir au monde des spiritueux français, des sherrys, des cognacs et des traditions culinaires. Je me suis également beaucoup inspirée des ingrédients utilisés dans la carte de *La Mer*, tout en donnant aux boissons leur propre identité. Plusieurs cocktails ont été conçus pour être consommés en mangeant, tandis que d'autres ont été créés comme des cocktails plus autonomes.

Tous ont été créés pour être élégants en termes de saveur et d'apparence, tout en mettant l'accent sur le sens du lieu et de l'expérience pour les clients de notre restaurant.

Quel est votre alcool préféré ?

Ah... je les aime tous. Mais je préfère le whisky ou le gin.

Votre ingrédient magique ?

Je dois dire que cet ingrédient change pour chaque boisson. Il y a toujours l'élément final qui relie le tout de manière magique.

Quelle est votre définition d'un bon cocktail ?

L'équilibre ! Peu importe le profil de saveur ou le spiritueux. Dans tout cocktail, qu'il soit sucré, salé ou acidulé, l'équilibre est toujours la clé.

Quelle est l'histoire derrière le cocktail Rêve de Tahiti ?

En étudiant le menu de *La Mer*, j'ai trouvé l'inspiration pour cette boisson dans le *Homard Poché, Beurre Blanc à la Vanille Mousseline de Romanesco à l'Amande* du Chef Exécutif à *La Mer* Alexandre Trancher

J'ai repris ce concept : j'ai utilisé un beurre végétalien infusé à la vanille et j'ai infusé un whisky de seigle. Je savais que je voulais faire un *Old Fashioned*, mais j'ai d'abord préparé cet ingrédient et j'ai laissé le reste me révéler sa saveur. J'ai utilisé du seigle parce que les *Old Fashioned* au seigle sont parfaits pour avoir une solide colonne vertébrale de whisky, sans la douceur du maïs. J'ai utilisé un whisky de seigle à haut degré d'alcool parce que je sais que la vanille peut sembler sucrée au palais, même si elle ne l'ai pas vraiment.

Le thé à la pêche et le sirop d'amande sont, là encore, une combinaison de saveurs imaginée qui, selon moi, convient bien après avoir goûté le whisky. C'est un mélange léger et noiseté, floral et fruité, avec une douceur moelleuse qui s'accorde bien avec le whisky de seigle vanillé. Au départ, cette boisson n'était pas destinée à être fumée mais, après la dégustation, la fumée a été la réponse à la question « Que lui manque-t-il ? » La fumée a coupé la « douceur » perçue au nez de la vanille et a ajouté des couches aromatiques au cocktail. »

LE RÊVE DE TAHITI

PAR TUDA SARIAN

Frais et puissant, le Rêve de Tahiti est la version de L'Apéritif *du cocktail* Old Fashioned *avec une présentation étonnante puisqu'il est fumé avant d'être servi. Ce cocktail se caractérise par un High West rye lavé à la graisse de beurre de vanille, sirop d'amande au thé de pêche blanche, amers d'orange de Séville et fumée de bois de cerisier.*

Ingrédients

6 cl de High-West Rye infusé à la vanille et lavé à la graisse de beurre végétalien **1.**

1,5 cl de thé de pêche blanche et de sirop d'amande

Quelques gouttes de bitters d'orange de Séville

1. Préparation

du High-West Rye infusé

- Beurre végétalien
- Gousses de vanille fraîches
- High West Rye

Commencer par faire fondre du beurre végétalien dans une casserole, puis y faire infuser des gousses de vanille fraîches fendues.
Verser le beurre infusé à la vanille dans le High West Rye.
Mélanger bien et laisser reposer le tout à température ambiante pendant une nuit.
Le lendemain, congeler l'ensemble du mélange, ce qui permet à la graisse du beurre de se solidifier sur le whisky infusé.
Une fois le tout congelé, le beurre peut être facilement retiré et le whisky est filtré.
Le lavage à la graisse permet non seulement d'infuser les arômes, mais aussi de conférer aux huiles une sensation subtilement soyeuse en bouche.

Instructions

- Mélanger tous les ingrédients dans un verre à mélanger.
- Remuer avec de la glace et filtrer dans un double verre Old Fashioned sur un gros cube de glace.
- Fumer la boisson dans une cloche avec du bois de cerisier.
- Garnir d'une fleur de viola.

LE MÂT-À-L'EAU

RECETTE REVISITÉE DU RÊVE DE TAHITI

Par Baptiste Bochet

Ingrédients

pour un cocktail

5 cl de gin

3 cl de jus de citron (jaune ou vert)

2 cl de sirop de sucre simple

6 cl de yaourt à la vanille de qualité (environ un demi-pot)

Eau gazeuse

Le fils caché du Ramos Gin Fizz et de la Piña Colada, délicieusement régressif et réconfortant. Vous en aviez besoin, on l'a fait. Le côté lacté et vanillé laissera un peu de place au spiritueux qui montrera ses plus beaux atouts. On retrouve la fève tonka, discrète ici, ainsi que des notes de baies roses. Tenez-vous en à cette référence de gin, car un style London Dry ne gâchera pas la fête mais rendra ce cocktail un peu moins féerique.

Instructions

- Deux possibilités :
  - Au mixeur avec 100 grammes de glace pilée ou de glaçons. Auquel cas, oubliez l'eau gazeuse.
  - Au shaker, mettez tous les ingrédients dedans, sauf l'eau gazeuse. Shakez pendant 30 secondes, ouvrez le shaker, puis ajoutez l'eau gazeuse.

- Dans les deux cas, servez le cocktail dans un grand verre highball.
- S'il reste de la place dans le verre après avoir versé le cocktail, ajoutez quelques cubes de glace pour le maintenir bien froid.

Astuces

Utilisez un gin qui n'est pas trop dry, comme le Gin Pink Pepper d'Audemus Spirits, qui apportera d'une part des notes végétales avec ses baies roses, d'autre part les arômes de fève tonka (ingrédient qui entre dans la composition du gin) qui amèneront de la structure au cocktail.

Adaptez la quantité d'eau gazeuse selon votre soif, l'heure de la journée, la température, le nombre de cocktails précédant celui-ci, etc. S'il vous faut un chiffre, optez pour 42 millilitres.

Le mot de la fin

Nous espérons que vous avez pris plaisir à voyager à nos côtés, mais aussi que ce tour d'horizon des beaux établissements et beaux verres vous donnera envie d'aller vous délecter d'un cocktail dans un palace quand l'occasion s'y présentera.

Nous espérons également que ce livre vous aura donné la fibre du cocktail au travers de ce panorama de lieux légendaires.

Vous l'aurez compris, derrière chaque mur, chaque verre, se trouve une équipe aux petits soins pour vous proposer une expérience de haute volée.

Il ne tient qu'à vous de vous en inspirer et de l'offrir à vos convives. Commencez simplement, observez-vous progresser dans votre compréhension et votre maîtrise de cet univers de la mixologie.

Nous avons apprécié rencontrer ces hommes et femmes du bar qui nous ont ouvert leur cœur et leur carnet de recettes.

Nous avons apprécié également vous proposer nos recettes qui, si vous êtes arrivé jusqu'au mot de la fin, vous ont certainement convaincu !

N'oubliez pas que le goût, comme le reste des sens, puise sa force dans les nuances, le partage et la diversité.

À bientôt autour d'un cocktail !

Baptiste & Fabien

Postface

L'univers des palaces et des hôtels de luxe représente une part de rêve potentiellement accessible à tous ! Pouvoir découvrir tout le raffinement, la justesse des saveurs, des goûts uniques et surtout des équilibres éblouissants est tout à fait possible, contrairement aux suites ou chambres qui ne sont pas forcément à la portée de tous les budgets. En effet, les cocktails dans les palaces et les hôtels de luxe ne sont pas forcément hors de prix.

De plus, les palaces ne sont pas ces lieux fermés et peu ouverts aux nouveautés comme on pourrait le penser. Mon expérience personnelle témoigne du contraire. En tant que sommelier, j'ai eu l'opportunité de travailler dans ces établissements prestigieux. J'ai construit ma carrière en accumulant de nouvelles expériences à chaque emploi, cherchant à comprendre, maîtriser mon métier et innover, toujours dans le but d'apporter le meilleur aux clients.

À Londres, au Connaught, aux côtés de Gordon Ramsay, j'ai eu la chance d'évoluer dans le plus vieux palace de Londres avec un chef de génie aux idées novatrices. Là, j'étais confronté à une clientèle d'habitués souvent déroutés par ces nouvelles expériences. Mon travail consistait à les rassurer, les éduquer et surtout leur apporter le plaisir du moment. Au Lucas Carton à Paris, j'ai constamment recherché l'innovation pour satisfaire les clients, travaillant sur les accords mets et boissons avec le chef talentueux Alain Senderens, secondé par Jérôme Banctel. Ensemble, nous avons exploré de nombreuses possibilités pour atteindre l'accord parfait. J'ai alors compris que tout type de boisson, bien sélectionnée, pouvait créer une harmonie parfaite avec un plat, si les bases de structures des goûts, saveurs et textures avaient du sens, que ce soit des vins, des cocktails, des boissons sans alcool et même des eaux, qui peuvent en cas de mauvais choix être catastrophiques sur les goûts.

Permettez-moi de partager une anecdote qui illustre bien cette ouverture à l'innovation : en 2004, lorsque je travaillais à l'Hôtel Meurice aux côtés du chef Yannick Alléno, celui-ci m'a laissé carte blanche pour proposer aux clients des accords mets et sakés. Mon objectif était de faire découvrir la qualité de ces produits japonais et de démontrer qu'ils ne sont pas simplement une eau-de-vie à 40 % d'alcool, contrairement aux idées reçues. Les clients étaient éblouis par la finesse et la qualité de ces sakés, leur capacité à se marier à merveille avec des plats raffinés, prouvant ainsi que même dans les palaces, l'innovation et l'ouverture d'esprit sont au rendez-vous.

Ma quête permanente d'apprentissage et d'expériences nouvelles, dans le seul but de bénéficier aux clients, m'a permis de découvrir et de créer des alliances qui reflètent à la fois tradition et modernité avec différentes boissons, pour répondre aux attentes de tous les palais. Sachant que notre culture et notre éducation gustative sont différentes, le personnel de ces établissements doit savoir adapter tout cela aux goûts du client face à lui !

Le plaisir d'entrer dans ces lieux où chaque détail compte, c'est vivre un moment hors du temps. Le personnel, très attentif aux moindres de vos attentes, saura vous conseiller et réaliser un cocktail parfait avec la juste attention.

Avec cet ouvrage, conçu avec un souci du détail et des explications simples et pertinentes, vous pourrez, chez vous, vous essayer à la perfection. Le remarquable travail de Baptiste Bochet et Fabien Humbert vous plonge dans ces univers merveilleux des hôtels de luxe et des palaces. Une présentation historique des lieux et de belles rencontres avec leurs chefs de bars vous permettront de vivre ces moments de l'intérieur. Vous ressentirez tous ces détails qui font la magie de ces lieux et qui nous donnent envie de les visiter pour vivre ces moments inoubliables gravés dans nos mémoires.

Je souhaite que la lecture de cet ouvrage merveilleux vous apporte de vivre une expérience unique et vous incite à aller profiter de ces lieux magiques !

Dominique Laporte

Meilleur Ouvrier de France Sommelier
Meilleur Sommelier de France
Master of Port International
Ancien chef Sommelier de Palaces

INDEX DES COCKTAILS

INDEX DES INGRÉDIENTS

LES AUTEURS

FABIEN HUMBERT

Journaliste et auteur, Fabien Humbert collabore activement depuis 2011 à La Revue du vin de France et au Nouvel Économiste, mais aussi à Rumporter, dont il est depuis 2021 le rédacteur en chef adjoint. Il est aussi vice-président du Movis (association des journalistes et auteurs des vins et spiritueux). Dans la même collection chez Hachette, il est l'auteur d'un livre sur le RHUM (préface Alexandre Vingtier) et d'un autre sur le SAKÉ (avec Youlin Ly).

BAPTISTE BOCHET

Baptiste Bochet, fondateur des ateliers Cocktail Colada et du Rhum Navi, ambassadeur du Cognac, auteur, journaliste.

L'ILLUSTRATRICE

CÉCILE HUANG

Cécile Huang est une artiste française née à Paris et d'origine sino-vietnamienne.

Ses créations mettent en lumière une sensibilité à deux matériaux qu'elle affectionne particulièrement : l'encre et le papier. Ensuite intervient le travail de la main. Sa gestuelle parfois contrôlée, parfois spontanée, se ressent dans ses peintures : de là naissent ses matières organiques si caractéristiques de son univers.

Retrouvez tout son travail sur instagram

CecileHuangDessine

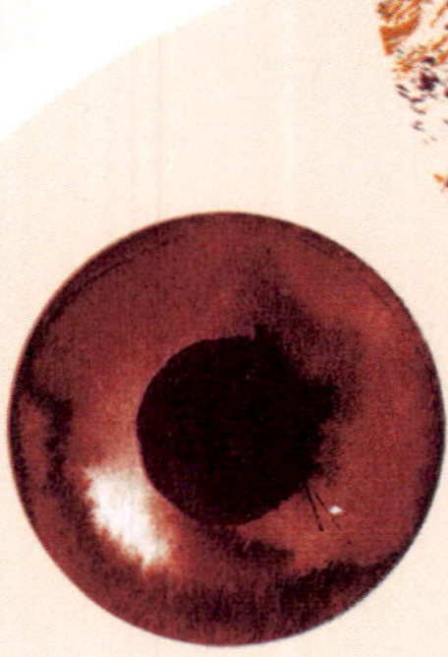

CRÉDITS PHOTOGRAPHIQUES

istock_LiliGraphie (18, 19) ; istock_Sergey Nazarov (24) ; istock_annaPustynnikova (31) ; istock_Heleno Viero (32) ; istock_Guido Martini (35) ; istock_ClarkandCompany (36) ; istock_maurese (39) ; istock_ArtSvitlyna (41) ; istock_Daniel Viero (42) ; istock_Fudio (45) ; istock_subspaceninja (46) ; istock_etorres69 (49) ; istock_Aurore Kervoern (81) ; istock_legna69 (105) ; istock_raeva (161) ; istock_anouchka (193) ; istock_undefined un-defined (201) ; istock_bhofack2 (233) ; istock_maurese (237) ; istock_J2R (349) ; istock_Rossella De Berti (353) ; istock_estadespr (383) ; Istock_pada smith (465) ; istock_yaophotograph (469) ; istock_Kyrylo Baranovskyi (491).

Courtesy of Hôtel de Crillon ©Reto Guntli (53, 54) ; ©CrisBarnett (56, 61) ; ©Lauren-Luxenberg (59) ; ©victorbellot (65) ; ©quelab_quelab (66).
Courtesy of Le Bristol Paris ©Franck Juery (69) ; ©Claire Cocano (70, 72, 77) ; @Quentin_Jumeaucourt (74).
Courtesy of La Reserve Paris ©Grégoire Gardette (91, 92, 94, 98) ; ©Julie Limont (97, 101).
Courtesy of Le Monte Cristo ©Monte Cristo/bar 1802 (109, 110, 112, 115, 116, 119)
Courtesy of L'InterContinental Lyon – Hôtel Dieu ©Eric Cuvillier (123) ; ©Manon Charon (124) ; ©InterContinental Lyon (126) ; ©florentpedrini (129) ; @Seasons Production (132) ;
©Fred Durantet (135, 141) ; @Marie Bouthier (136).
Courtesy of le Sofitel Vieux Port © Sofitel Vieux Port (149) ; ©Caroline Prodhon (150) ; ©Pati Export (152) ; © Sarah Arphi (157).
Courtesy of Le Negresco © Gregoire Gardette (165, 166, 168, 175) ; © ClaesBech-Poulse (171) ; © DidierBouko (172).
Courtesy of The Maybourne Riviera @eliseqnphotography & @TheMaybourneRiviera (179, 180, 182, 185, 186, 189).
©Guillaume Cottancin (197).
Courtesy of Gong Bar ©GÖNG Bar (205, 208, 211) ; ©Lateef.photography-21 (213).
Courtesy of The Lanesborough ©London Lanesborough (217, 218, 220, 223, 225).
Courtesy of The Savoy ©Jack_Hardy (229, 230).
Courtesy of Bvlgari Hotel Milano ©Bulgari Hotel Milano (237, 238, 240, 243, 245).
Courtesy of Le Four Seasons Florence ©Peter Vitale (249) ; ©Michele Tamasco (250, 252).
Courtesy of Le Sirenuse ©Brechenmacher & Baumann (261, 262, 267) ; © Luca Cuomo (264) ; ©Roberto Salomone (269).
Courtesy of Le Aman Venice ©AmanVenice (273, 274, 277, 278, 281).
Courtesy of Le Four Seasons Hotel Madrid ©Four Seasons Hotel Madrid (285, 286, 288, 291, 292).
Courtesy of La Mamounia ©La Mamounia (297, 300, 302, 304, 306).
Courtesy of L'Atlantis Dubaï, The Palm ©Atlantis Dubai (311, 312, 316, 319, 321).
Courtesy of le Royal Livingstone Hôtel ©Royal Livingstone Hôtel (325, 326, 328, 331).
Courtesy of Singita Sweni Lodge ©Singita (339, 342, 345).
Courtesy of The Boston Harbor Hotel ©Boston Harbor Hotel (357, 358, 360, 363, 364, 367).
Courtesy of The Sands ©Jaime Kowal (371, 372, 374, 377, 379).
Courtesy of le Chablé Yucatan ©Chablé Yucatan (387, 390, 393, 395).
Courtesy of Eden Rock-St Barths ©Jeanne Le Menn (399, 400, 402, 406, 409) ; ©DianeCo-riat (405).
Courtesy of Desa Potato Head ©Virgine Khateeb (419) ; ©AllIsAmazing (420, 425), ©Den-nyNovikar (427).
Courtesy of The Raffles Singapore ©Raffles Singapore (431, 432, 434, 437, 439).
Courtesy of The Conrad Singapore Orchard ©Conrad Singapore Orchard (443).
Courtesy of Four Seasons Hotel Bangkok at Chao Phraya River ©Four Seasons Hotel Bangkok (447, 448, 450, 453, 455).
Courtesy of The Upper House ©The Upper House (459, 460, 463).
Courtesy of Halekilani ©Halekulani (473, 479) ; ©Teves Freitas (476) ; ©Justin Alford (483).
Courtesy of Le Ritz Paris ©Jérome Galland (81, 82, 87).

58, rue Jean Bleuzen – 92178 Vanves Cedex
www.hachette-pratique.com

Direction Hachette Pratique : Catherine Saunier-Talec
Directeur éditorial : Stéphane Rosa
Responsable de projet : Elise Ducamp
Conception graphique et mise en pages : Meriem Rezgui
Création de la couverture : Carla Dalvy
Photographie de couverture : Ambitious Studio_Rick Barrett
Illustrations des recettes : Cécile Huang
Préparation de copie : Christophe François
Relecture : Elilocom
Fabrication : Grégory Morin
Responsable partenariats : Dana Lichiardopol (dlichiardopol@hachette-livre.fr)

Dépôt légal : octobre 2024
56-3450-7/01
ISBN : 978-2-01-704738-4
Achevé d'imprimer en août 2024 par Estella Graficas en Espagne.

PAPIER À BASE DE FIBRES CERTIFIÉES

hachette s'engage pour l'environnement en réduisant l'empreinte carbone de ses livres. Celle de cet exemplaire est de :
4 kg éq. CO_2
Rendez-vous sur www.hachette-durable.fr

L'éditeur utilise des papiers composés de fibres naturelles, renouvelables, recyclables et fabriquées à partir de bois issus de forêts qui adoptent un système d'aménagement durable. L'éditeur attend également de ses fournisseurs de papier qu'ils s'inscrivent dans une démarche de certification environnementale reconnue.